税法学研究文库　SHUIFAXUE YANJIU WENKU

总主编 刘剑文

电子商务课征加值型营业税之法律探析

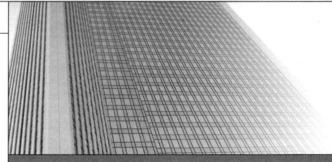

邱祥荣 ⊙著

北京大学出版社
PEKING UNIVERSITY PRESS

著作权登记号:01-2005-2410
图书在版编目(CIP)数据

电子商务课征加值型营业税之法律探析/邱祥荣著.—北京:北京大学出版社,2005.6
(税法学研究文库)
ISBN 7-301-09139-7

Ⅰ.电… Ⅱ.邱… Ⅲ.电子商务－增值税－研究 Ⅳ.F810.424

中国版本图书馆 CIP 数据核字(2005)第 049177 号

此书蒙邱祥荣先生授权,由北京大学出版社享有除台湾地区以外的中华人民共和国领域内出版发行此书的简体中文文本的专有使用权。
未经北京大学出版社许可,不得以任何方式抄袭、复制或节录书中的任何部分。
版权所有,翻录必究。

书　　　名：电子商务课征加值型营业税之法律探析
著作责任者：邱祥荣　著
责 任 编 辑：汤洁茵　王　晶
标 准 书 号：ISBN 7-301-09139-7/D·1204
出 版 发 行：北京大学出版社
地　　　址：北京市海淀区成府路 205 号　100871
网　　　址：http://cbs.pku.edu.cn　电子信箱：pl@pup.pku.edu.cn
电　　　话：邮购部 62752015　发行部 62750672　编辑部 62752027
排 　版 　者：北京高新特打字服务社　51736661
印 　刷 　者：三河新世纪印务有限公司
经 　销 　者：新华书店
　　　　　　650 毫米×980 毫米　16 开本　9.75 印张　149 千字
　　　　　　2005 年 6 月第 1 版　2005 年 6 月第 1 次印刷
定　　　价：16.00 元

未经许可,不得以任何方式复制或抄袭本书之部分或全部内容。
版权所有,翻版必究

出版说明

　　交流所带来的信息可以使我们站在巨人的肩膀之上俯瞰整个学科的发展,进而推动该领域学科的发展壮大。我国台湾地区的税法研究已经较为成熟,但目前大量读者还不易直接在内地购买台湾地区书籍,而大量复印又有违著作权法的有关规定。在这种情况下,承蒙北京大学刘剑文教授和台湾大学葛克昌教授的大力支持,使我们得以引进了一些已经在我国台湾地区出版的、优秀的税法学著作。我们希望通过这种方式给内地读者提供一个获取信息的捷径,从而可以比较迅速地了解各个地区的教学和学术成果,为深入学习和研究打下更坚实的基础。

　　我们引进这些学术著作,目的主要在于介绍我国台湾地区有关税法、财政法的理论和方法,推动学术交流,促进学科发育,完善教学体系,而其著作者的出发点和指导思想、基本观点和结论等,则完全属于由读者加以认识、比较、讨论甚至批评的内容,均不代表北京大学出版社。

　　由于海峡两岸的具体情况不尽相同,为方便读者,经作者同意,我们在排版时对原书的某些文字形式作了少量技术性处理。至于原书内容,我们遵从著者的意愿,未作任何改动。需要特别说明的是:(1)台湾地区是中国不可分割的一部分是不争的事实。但目前由于特殊原因台湾地区还实行本地区的法律法规,包括"宪法"。学界从宪法的视角研究、审视税法已经成为一种趋势和必然。因此,从学术研究出发,对书中涉及的"宪法"规定以及据此的分析,并没有加以删减。(2)一些机关和机构,比如行政法院、地税局等,系指我国台湾地区之机构,为了保持行文顺畅,并使读者明确地查证,一般按照原有的称呼,没有进行特别的处理。这当然不代表北京大学出版社对它们的承认。(3) 为了行文的简洁,对具体的法律法规并没有一一加以说明,因此如果没有特殊标注,书中所涉及的法律法规均为我国台湾地区的法律。(4) 我国台湾地区在税法学领域有些用语与内地不尽一致。比如税捐、稽征机关等用语,为了保持作品原貌,也没有加以修改。特此一并申明,敬请读者注意。希望读者不要因为上述或者书中的其他内容而产生任何的误会、质疑和指责。

北京大学出版社
2004 年 7 月

总　　序

　　《税法学研究文库》是继《财税法系列教材》、《财税法论丛》和《当代中国依法治税丛书》之后由我主持推出的另一个大型税法研究项目。该项目的目的不仅在于展示当代中国税法学研究的最新成果，更在于激励具有创新精神的年轻学者脱颖而出，在传播、推广税法知识的同时，加快税法研究职业团队的建设和形成。

　　税法学是一门年轻、开放、尚处于成长期的新学科。谓其年轻，是因为它不像民法学和刑法学一样拥有悠久的历史渊源；谓其开放，是因为它与经济学、管理学以及其他法学学科等存在多方面的交叉与融合；谓其成长，是因为它的应用和发展空间无限广阔。在我国加入世界贸易组织之后，随着民主宪政、税收法治等先进理念的普及和深入，纳税人的权利意识越发强烈，其对税收的课征比任何时期都更为敏感和关心。税法学的存在价值，正在于科学地发现和把握征纳双方的利益平衡，在公平、正义理念的指导下，实现国家税收秩序的稳定与和谐。

　　长期以来，我一直致力于税法学的教学和研究，发表和出版了一系列论文和专著，主持了多项国家级科研课题，对中国税法学的发展以及税收法制建设做了一些力所能及的工作。然而，不容否认，中国税法学的研究力量仍然十分薄弱，有分量的研究成果也不多见，税法和税法学的应有地位与现实形成强烈的反差。我深深地感到，要想改变这种状态，绝非某个人或单位力所能及。当务之急，必须聚集和整合全国范围内的研究资源，挖掘和培养一批敢创新、有积累的年轻税法学者，在建设相对稳定的职业研究团体的同时，形成结构合理的学术梯队，通过集体的力量组织专题攻关。惟其如此，中国税法学也才有可能展开平等的国际对话，而税法学研究的薪火也才能代代相传，生生不息。

　　近年来，我先后主编《财税法系列教材》、《财税法论丛》、《当代中国依法治税丛书》，这三项计划的开展，不仅使税法学研究的问题、方法和进程逐渐为法学界所熟悉和认同，同时也推动了税法学界的交流与合作。在此过程中，我既看到了新一代税法学者的耕耘和梦想，更感受到了他们在研究途中跋涉的艰辛。这群年轻的学者大多已取得博士学位，或已取得副教授职称，且至少熟练掌握一门外语。最为重要的是，他们对专业充满热忱，愿意为中国税法学贡献毕生精力。正是在他们的期待和鼓励下，为了展示中国税法学的成长和进步，激励更多的优秀人才加入研究队伍，我与北京大学出版社积极接触、多次磋商，终于在2002年达成了本文库的出版协议。

衷心感谢北京大学出版社对中国税法学的积极扶持。如果没有对学术事业的关心和远见，他们不会愿意承担该文库出版的全部市场风险，更不会按正常标准支付稿费。此举的意义，远远溢出了一种商业架构，事实上为中国年轻的税法学提供了一个新的发展机遇。正是他们的支持，才使得主编可以严格按照学术标准组织稿件，也使得作者可以心无旁骛，潜心研究和创作。若干年之后，当人们梳理中国税法学进步的脉络时，除了列举税法学人的成果和贡献，也应该为所有提供过支持的出版机构写上重重的一笔。这里，我还要代表全体作者特别感谢北京大学出版社副总编杨立范先生，他的知识和筹划，是本文库得以与读者见面不可或缺的重要因素。

本文库计划每年出版3—5本，内容涉及税法哲学、税法史学、税法制度学；税收体制法、税收实体法、税收程序法；税收收入法、税收支出法；国内税法、外国税法、国际税法、比较税法等多重角度和层面。只要观点鲜明，体系严密，资料翔实，论证有力，不管何种风格的税法专著都可成为文库的收录对象。我们希望，本文库能够成为展示税法理论成果的窗口，成为促进税法学术交流的平台。如果能够由此发现和锻炼更多的税法学人，推动税法理论与实践的沟通和互动，我们编辑文库的目的就已经实现。

刘剑文
2003年元旦于北京大学财经法研究中心
中国财税法网(www.cftl.cn)
中国税法网(www.cntl.cn)

General Preface

Works of Research on Taxation Law Theories is another large research project on taxation law study presided by me after the publications of *Textbooks Series of Fiscal Law & Taxation Law*, *Fiscal Law & Taxation Law Review* and *Rule Taxation by Law in Modern China*. Rather than demonstrating the latest achievements on the theoretical study of taxation law, this project focuses more on inspiring the scholars with innovative spirit showing themselves. While promulgating the knowledge of taxation laws, a group of professionals studying on taxation law theories is forming and developing.

Taxation law is a rising, open and growing subject. It is rising because it has not so long a history as civil law or criminal law. It is open because it intersects with economics, management and other law subjects. It is growing because it has promising future for its application and development. The taxpayers will be greatly awakened to their rights on the course of tax levying with China's entering into WTO and the popularization of the ideas of democracy and rule the tax by laws. The value of theoretical study on taxation law exists in scientifically finding a balance spot between the taxpayers and levier, which would help to realize a stable and harmonious taxation system among the whole country with the direction of equity and justice ideas.

For a long period of time, I had been dedicated to the teaching and studying of the taxation law. Many theses and monographs had been published and many national research projects presided by me, which were all what I could do to the development and construction of the theoretical study on taxation law of China in my own power. However, we should not neglect that neither researching ability nor influential achievements have been satisfactory. They could not match up the corresponding positions of taxation law and the theoretical study on it.

I came to realize that any individual or organization would never be able to better the situations. At present, the most urgent thing is to congregate all the researching resources around the country in conformity and cultivate a group of young but erudite scholars on taxation law. Thus, a relatively stable group of professionals would be organized to form the academic ladders with reasonable structure. We could depend on the collective powers to study on some specified topics respectively. I think it is the only way to equalize the domestic study on taxation law with international study. Also by this way, the study on taxation law would continue generation by generation and never cease.

Recent years, I have successively presided three projects including editing *Textbooks Series of Fiscal Law & Taxation Law*, *Fiscal Law & Taxation Law Review* and *Rule Taxation by Law in Modern China*. During the process, the topics, methodologies and procedures of the theoretical study on taxation law had been gradually acquainted and accepted by the academic circles and the exchange and cooperation among them had also been greatly promoted. During the course, I not only observed that the new generation of scholars on taxation law study worked hard and cherish beautiful dream to the future, but also their hardships in research. Most of the young scholars have acquired PH. D. degrees or become the associate professor, and at least fluently master a foreign language. Their zealousness shall be more important, and they are willing to devote their whole life to the career. It is under their expectation and encouragement that more and more excellent talents participate in the career. After my positive communications and constant consultations with Peking University Press, a publication agreement has finally come to for this *Works* in 2002.

I sincerely express my gratitude to Peking University Press here for their support to the theoretical study on taxation law in China. They would neither take risks to publish all the works nor pay the authors' remunerations according to market standard if they were shortsighted to the academic project, which are far from a business activity and provide a good opportunity for the young scholars of taxation law study. It is their support that the editor in chief could select the works strictly according to the academic standard and the authors could dedicate to their research and composition. I believe that many years later while reviewing the developing history of the theoretical study on taxation law in China, they will not only remember the scholars and their achievements, but also remember the contributions from Peking University Press. Here, on behalf of all the authors, I shall thank Mr. Yang Lifan, Vice Editor in Chief of Peking University Press, for his wisdom to and design for the *Works*, or they would never be published.

Annually, 3 to 5 books will be published to affiliate the *Works*. The contents of these books mainly concerns about philosophy of taxation law, history of taxation law, study on taxation law system, taxation law system, taxation law, taxation procedure law, taxation income law, taxation expenditure law, domestic taxation law, foreign taxation law, international taxation law and comparative taxation law. All the monographs with various styles could become members of this *Works* if they are of clear point of view, rigorous logic, accurate documents and strong reasoning. We hope that the *Works* could become a window to demonstrate the theoretical achievements of taxation law study and a platform for academic exchanges. If more scholars on taxation law study could be discovered and the practice and theories of taxation law could be exchanged and co-developed simultaneously with the publication of the *Works*, our targets to edit the *Works* are fundamentally achieved.

Liu Jianwen
On New Years' Day of 2003
In Research Center of Fiscal Law and Taxation Law
Peking University

序

虽然电子商务这几年的整体成长趋缓,但是网上消费在美国目前仍不断地蓬勃发展。许多有趣的营业税课征议题,因为电子商务的兴起而引发广泛的重视。以在美国两大书店 Amazon.com(没有实体书店)以及 Barnes & Noble(拥有美国最多的书店)买书为例。如果在 Amazon 网络书店购物或是与其合作的其它网络书店购物时,消费者不需要缴纳营业税;相反的,如果是在 Barnes & Noble.com 买东西的话,就必须要负担营业税。为什么同样是电子商务,买同样的物品,竟有购物必须缴税,和完全不必缴纳任何税负的极端情形发生呢?

买书,是有形商品的消费,如果是无形商品的消费时,会不会因为消费的商店是网络店面或实体店面,而有不一样的结果呢?以计算机软件为例,在美国的商店内买盒装的 Acrobat 软件,必须缴纳当地的营业税;但是透过网络直接购买并下载该软件时,消费者不需要负担营业税。为什么同样是买电体软件,在营业税的征收上又有不同的处境呢?

美国消费者在 Amazon.com 上买书或是选择购买 Acrobat 的网络下载版时,均不须负担营业税。相反地,台湾的政策是,不论是在商店购买书籍和盒装计算机软件或是在网络商店购买该书籍或该软件的网络下载版的话,依台湾的加值型及非加值税营业税法,都要缴纳台湾的营业税。因为美国与台湾对于电子商务采取不同的租税政策,所以会发生同一个消费者,在同一个网络书店上购物,也可能会因为所在地不同而在税法上有截然不同的待遇的结果。比如说,台湾的消费者在 Amazon.com 上买书时,海关对于超过相当金额的书籍,会代征台湾的营业税;如果是美国的消费者想要透过网络直接下载台湾制的防毒软件 Pccillin2002,则必须负担台湾的营业税(因为台湾的商品标价内已含营业税,而且消费者还必须填写发票的网页以完成购物程序)。

这些有趣的现象凸显了"新兴"电子商务遇上了"传统"税法时

不相平衡之处。对于相同的电子商务消费行为,竟给予完全不同的效果,很可能会影响人们的消费行为,而侵蚀了向来税法上所强调的税捐公平及竞争中立性原则。

为了深入剖析因电子商务而衍生的营业税的议题,并提供解决方案,本书首先介绍网际网络的特性及电子商务的兴起。在让读者熟悉电子商务之特性之后,进一步地介绍美国、欧盟对于网络消费发展后产生的各形各样的不同的消费方式的课税态度及难题之初步解决方式,以及 OECD 等国际组织,致力于消弭各国间对于网上购物采取的不同的租税政策。最后,我对于几项极富争议的议题提出己见。

希望藉由本书深入浅出的说明,能使读者了解当前网上购物的营业税议题以及继续研究的课题,并引发读者探索电子商务的兴趣。

邱祥荣
2004 年 11 月

Abstract

The e-commerce has been ceaselessly developing since the late 1990s although the overall growth has slowed down over the past several years. Many interesting tax issues, especially those with respect to sales tax, have emerged due to the boom of online shopping, however.

First, transactions of identical items occurring in cyberspace or in the real world may be subject to different sales tax treatments. For example, consumers in the U.S. need to pay sales tax when shopping for books in Barnes & Nobles, the largest physical bookstore company in the U.S., while they do not need to pay tax when they purchase books from Amazon.com or its associated online bookstores.

In addition, products with the same functions but different forms (tangible or intangible) may also have different results in sale tax. Computer software is the best example. It can be either directly downloaded from the official website of a software company or be purchased in the physical stores. In the U.S., for instance, consumers can save the sales tax if they purchase and download software such as Acrobat through the Internet, but they will pay state sales tax when they get Acrobat software on a CD or disk in the neighborhood computer stores.

Third, customers in different countries may be treated differently in regards to sales tax when they purchase items in the very same online store. For example, in Taiwan, sales tax is required to be paid wherever consumers purchase a product. While the U.S. consumers are exempt from sales tax when they buy books on Amazon.com, Taiwanese consumers will be charged value-added tax (VAT), Taiwan's sales tax, even when they order books from Amazon.com. (The Taiwanese Customs, on behalf of tax institutions, will charge Taiwanese buyers the VAT when the books are imported into Taiwan). Such differences will also happen on the transactions with respect to computer software. When Taiwanese computer users buy and download Acrobat from a U.S. website, no U.S. sales tax will be levied. On the contrary, the U.S. computer users are required to pay Taiwan's VAT when they want to purchase and install Pc-cillin2002, a famous Taiwan-made anti-virus software. (The VAT is included within its price, and consumers are asked to fill out an invoice web page before the completion of the online purchase).

These aforementioned phenomena fully show the conflicts between the "novel" e-commerce and the "traditional" tax rules. These different tax treatments will inevitably alter buyers' consumption behavior because consumers can save their money when they purchase items online. This imbalance will possibly undermine the fundamental principles of sales tax such as fairness and neutrality and cause the loss of tax revenue for a government.

In order to thoroughly examine the problems of sales tax resulting from this new type of commerce and find out practical solutions, I divided this book into three parts. First, I introduce the readers to some background knowledge such as the characteristics of the Internet and the rise of e-commerce. Then, I explain in detail how the U.S. and European Union look at the issue of whether online shopping is taxable under their rules of sales tax, as well as how international organizations such as OECD make efforts to eliminate the disagreements on e-commerce sales tax. Finally, I provide my views on these controversial issues.

I hope that I can, through this book, evoke the readers' interests in exploring the world of e-commerce and help them be aware of the current agendas and on-going issues regarding sales tax on online transactions.

Hsiang-Jung Chiu
November 2004

CONTENTS 目 录

第一章 绪论 ... 1
第一节 研究动机 ... 1
第二节 研究范围与限制 ... 2
第三节 研究方法 ... 2
第四节 研究架构 ... 3

第二章 电子商务与台湾《营业税法》之简介 ... 5
第一节 电子商务 ... 5
  第一项 网际网络之兴起 ... 5
  第二项 电子商务之发展 ... 7
第二节 台湾营业税法 ... 16
  第一项 营业税法建制之基本原则 ... 16
  第二项 营业税的特征与种类 ... 21
  第三项 台湾《营业税法》之沿革 ... 23
第三节 电子商务在《营业税法》上造成之难题 ... 29
  第一项 电子商务之特色
    ——以亚马逊网络书店为例 ... 29
  第二项 电子商务的特色造成税捐课征之冲击 ... 31
  第三项 电子商务课征加值型营业税之难题 ... 37

第三章 美国、欧盟及 OECD 对电子商务课征加值税议题之处理 ... 39
第一节 美国 ... 39

CONTENTS 目 录

   第一项 美国零售税(retail tax)之建制 39
   第二项 电子商务兴起造成之零售税
      及使用税问题 43
   第三项 美国目前对电子商务课征
      零售税之态度 55
  第二节 欧盟 64
   第一项 欧盟加值税之发展沿革 64
   第二项 欧盟加值税内容分析 65
   第三项 电子商务发展在欧盟造成
      课征加值税争议 74
   第三项 欧盟对电子商务课征加值税问题响应
      ——欧盟加值税第六号指令修正案 80
  第三节 经济合作暨开发组织(OECD) 87
   第一项 概说 87
   第二项 OECD渥太华会议揭橥之电子商务
      课征税捐所应遵守的基本原则 89
   第三项 OECD对于电子商务课征
      消费税之态度 89
  第四节 小结 99

第四章 台湾对电子商务课征加值型及非加值型营业税难题之分析 101

  第一节 台湾当前对电子商务之课税政策 101
   第一项 台湾电子商务政策纲领 101

CONTENTS 目 录

第二项 "财政部"之电子商务租税政策　102
第二节 适用营业税法对电子商务课税问题　103
第一项 得否以台湾营业税法加以课税？　103
第二项 电子商务销售类型在台湾营业
　　　税法上之法律性质　104
第三项 电子商务销售之课税权归属分析　112
第四项 纳税义务人之确定　115
第五项 可能稽征方式之检讨　122
第三节 小结　127

第五章 结论　130

CONTENTS 目 录

Chapter 1   Introduction   1
   1.1   Motivation   1
   1.2   Scope and Limitation   2
   1.3   Approach   2
   1.4   Road Map   3

Chapter 2   Electronic Commerce and Taiwan's VAT Law   5
   2.1   E-Commerce   5
     2.1.2   The Rise of the Internet   5
     2.1.3   The Development of the E-Commerce   7
   2.2   Taiwan's VAT Law   16
     2.2.1   Basic Principles of the VAT   16
     2.2.2   Characteristics and Types of the VAT   21
     2.2.3   A Short History of Taiwan's VAT Law   23
   2.3   VAT and E-Commerce   29
     2.3.1   Characteristics of E-Commerce- i.e. Amazon.com   29
     2.3.2   Obstacles of Imposing Sales Tax on E-Commerce   31
     2.3.3   E-Commerce VAT Issues   37

CONTENTS 目 录

Chapter 3 Decisions of the U.S.A., European Union and OECD on E-Commerce Sales Tax Issues   39
  3.1 The U.S.A.   39
    3.1.1 The U.S. Retail Tax   39
    3.1.2 Problems of Collecting Retail Tax in E-Commerce in the U.S.   43
    3.1.3 The Present U.S. Attitude on Placing Retail Tax on Online Transactions   55
  3.2 The European Union   64
    3.2.1 A Short History of the Development of the EU VAT   64
    3.2.2 Contents of the EU VAT   65
    3.2.3 Issues of Collecting E-Commerce VAT under the EU VAT Law   74
    3.2.4 EU's Response to the E-Commerce VAT Issues—the Proposal of Amending the Sixth VAT Directive   80
  3.3 OECD   87
    3.3.1 Introduction   87
    3.3.2 The Ottawa Taxation Framework Conditions on E-Commerce   89

CONTENTS 目 录

3.3.3	Consensuses of the Issues of Consumption Tax on E-Commerce	89
3.4		99

Chapter 4 The Analysis of Placing E-Commerce VAT under Taiwan's VAT Law　　101

4.1　Taiwan's Current Taxation Policy of E-Commerce　　101
　　4.1.1　Taiwan's E-Commerce Outline　　101
　　4.1.2　The E-Commerce Tax Policy of Taiwan's Ministry of Finance　　102
4.2　Analyzing Issues of E-Commerce VAT under Taiwan's VAT Law　　103
　　4.2.1　Issue 1: Is E-Commerce taxable?　　103
　　4.2.2　Issue 2: What are the legal natures of different forms of E-Commerce?　　104
　　4.2.3　Issue 3: What types of E-Commerce does Taiwan have tax jurisdiction?　　112
　　4.2.4　Issue 4: Who are the taxpayers?　　115
　　4.2.5　Issues 5: What is the best method to collect the E-Commerce VAT?　　122
4.2　　127

Chapter 5　Conclusion　　130

第一章 绪 论

第一节 研究动机

"上网"已经成为许多人日常生活的一部分。网际网络与电子商务兴起不过十年,就对人类的生活产生重大的变革。许多要到商店才能完成的交易,现在可能可以在家透过网际网络来完成。举例而言,买一套美国原装的计算机软件,我们不用去国内的商店选购,也不用到美国去,只须利用网际网络,连接到该公司的网站,按几个键,利用信用卡或电子钱付费,可以透过网络下载该软件,立即安装使用。买一本书,也不须要跑到书店去预订,只要进到网络书店,透过网际网络,下载电子书就可以立即欣赏文章的内容。

随着人类生活因网际网络及电子商务的发展而改变,越来越多的法律问题不断地涌现。换言之,传统法律也在这一波浪潮中遭受到莫大的冲击。诸如言论自由、隐私权、消费者保护、网络犯罪与侦查、智能财产权侵害及网络课税等问题,一再地挑战现行法律制度的极限。这是由于网络世界具有全球性、匿名性等特色,迥异于传统法律所预设的规范空间所致。而税法,受到相当大的影响。

以传统的营业税法为例,国境为营业税课税权的边界,必须透过确认纳税主体方能达成课税的目的。然而,虚拟世界的全球性、匿名性,打破了传统营业税法的建制。同时由于数字化技术的发达,商品可以同时以有形(如软件包、书籍、音乐CD等)及无形(透过网络下载计算机软件、电子书及MP3音乐)的形态出现,挑战了传统营业税法对于商品只可能以单一形态出现的假设。

由于税法过于繁琐及技术性,向来非为法律界研究的主要对象。国内目前对于电子商务的法制层面的研究者,多集中在民法、消费者保护法及智能财产权法的部分,而税法部分的研究目前并不多。又因为加值型及非加值型营业税法是一个非常有趣的税制,因此,引发了笔者选择电子商务此一新奇的主题,探讨它对加值型及非加值型营业税法影响的研究动机。

第二节 研究范围与限制

电子商务所涉及的税法范围相当的广,不论是《关税法》、《所得税法》、《货物税法》和《加值型及非加值型营业税法》(下称营业税法),均受到电子商务的影响。国内目前的学术论文,多就电子商务相关的租税问题做一泛论式的研究,以至于每一议题都仅浅尝辄止,未能就单一税法做深入的探讨,甚为可惜。另一方面则是因为,大多数的论文均由非法律系之学者执笔,文中多着重于税基流失以及会计等议题,对于外国租税的基础法规,则甚少着墨。因此,本文将研究范围限缩于营业税法,就电子商务对于传统交易造成之变革、国际间(美国、欧盟及OECD)对于电子商务造成其营业税法之冲击及目前处理方式以及电子商务对台湾现行营业税法的影响,如是否应予课税,若是,应如何课税等议题加以深入研究。

虽然美国当前的基本态度是不对于电子商务课征歧视性的税赋,并冻结各州相关课税权限,目的在于促进其国内电子商务的发展;欧盟则立足为完全相反的立场,为了保护欧盟境内的电子商务发展,不让美国的电子商务公司借由网际网络长驱直入欧洲的市场,对于电子商务采取的是应予课税的强硬态度;OECD虽然对于电子商务有初步的共识以及课税方法的提出,但是仍在持续研究中。因此,未来的动态会如何,尚未有一定论,因此本论文仅系针对当前的文献及相关的营业税法加以论述,并仅提出个人研究的浅见,供学术机构及税务机关参考。

第三节 研究方法

台湾对于电子商务课税问题的文献虽不少,但是大多属概论性质文章,其中有重视国际会议的结论者,亦有重视美国法的探讨者。但是,由于台湾的营业税法在1985年修正时,系参考当时欧洲共同市场的加值税指令,而与美国的零售税及使用税制度相去甚远,再加上欧盟系由国家组成,面对的是电子商务在国与国间课税造成的影响,与美国的州与州之间交易课税问题的解决,可能更能提供制度上设计的建议。所以,就比较法上的观点言之,欧盟的加值税指令因应电子商务所为的修正,亦应为台湾探究此一议题时应加以一并参酌者。

其次,由于税法具有强烈的地域性的特色,以至于不同租税领域的国家在面对同样的电子商务时,可能造成其税法上不同的问题。因此,在引用外国比较法时,也应同时针对外国的税制做一介绍,否则,只说明电子商务对该国营业税法造成的影响,却未交代该国的税制,容易让读者陷入五里雾中。同时,在论述台湾营业税法的问题时,在说明台湾营业税法的沿革后,再讨论电子商务在台湾法上造成的问题及提出解决方法时,也较能给予读者全观式的理解。

再者,美国、欧盟及 OECD 实际上并无"营业税"(business tax)此一名词。与台湾营业税相同(或相近)的税制,在美国是"零售税"(sales tax),在欧盟是"加值税"(value-added tax),在 OECD 是"消费税"(consumption tax)。本文在研究电子商务对各国税法的影响时,仍沿用各国税制的原名,但在统称时,则采"加值税"一词,这是因为目前世界上绝大多数的国家都采用加值税制度之故。而依台湾营业税法,营业税分为加值型及非加值型两种,然仅前者与电子商务相关,因此本文在台湾营业税法的讨论上,限缩于加值型营业税,于此一并叙明。

最后,由于本论文之主题系近五年来在虚拟世界的新兴议题,至今尚在发展中而未有定论,故亦采用了大量的网站资料。

第四节 研究架构

本文第一章为绪论,介绍本研究的研究动机、范围及限制、方法及架构;第二章,系以引导出问题的方法撰写,先说明网际网络及电子商务的发展与特色,继之介绍国家为何得以课征营业税、国家课征营业税的界限、营业税建制的基本原则及台湾营业税的沿革,最后则点出本文研究的重心——电子商务在台湾营业税法上造成的难题;第三章则以比较法的观点,析述美国及欧盟的税制、电子商务在美国的零售税、欧盟的加值税上及OECD的消费税上造成的问题及各国当前提出的解决方案,并将各国相关问题制一表格比较做结;第四章则回到台湾,于叙明台湾目前所采取之基本态度后,就第二章发现的问题,参酌学者的见解及国际间的处理方法,分别就各该问题提出初步的意见;第五章为结论,总结本文之研究成果。

第二章 电子商务与台湾《营业税法》之简介

第一节 电子商务

第一项 网际网络之兴起

网际网络意即是将世界上所有计算机,透过网络的连接及标准化的通讯协议,彼此相互通讯。简言之,就是将全球所有的计算机连接起来的超级大网络,因此网际网络是全世界最大的计算机系统,它提供的是一种新的、开放的信息交流与沟通模式。网际网络是广域网络的一种,由全球各地的局域网络依据传输控制协议/网络通讯协议(TCP/IP)① 连接而成。透过网际网络的连接,让不同的网络使用者可以彼此交换信息②。美国《网络免税法》(Internet Tax Freedom Act)第 1101 条第(e)项第(3)款(C)目也将网际网络定义为:"集合大量计算机及电信设施,以有线或无线之方式连接所有信息者,包括利用传输控制协议/网络通讯协议或任何新旧通

---

① TCP/IP 为 Transmission Control Protocol/ Internet Protocol 的缩写,为国际标准协议。TCP 就是资料在传输的过程中被分成一块一块的封包由传送端送出,由于网络上传输的资料很多,同一笔资料所传送的封包无法同时到达接收端,为了确认那一些封包是属于你的,封包上会有特殊的辨别标记,也就是传送端和接收端的 IP,透过这种分散传送方式,将资料在接收端重新组合,目前几乎所有网络都支持 TCP/IP 通讯协议,并已成为不同平台间的标准通讯协议。相关说明请参阅,http://www.ec.org.tw/upload/1999102814522.doc,搜寻日期,2002/4/8。

② 陈佳郁:《电子商务课税问题之研究》,政治大学会计研究所硕士论文,1999 年,第 5 页。

讯协议组成之互联全球网状系统之设备及操作软件。"③

网际网络萌芽肇因于1959年苏联成功的发射第一颗人造卫星以及恐惧冷战提高核战爆发的可能性。美国国防部先进防御计划局(Advance Research Agency)负建立一套在遭受核战后仍能运作如常的美国军事传播网络。这套网络与当时一集中式的标准电话网络不同,是以分散方式安装到许多战略地点,使所有的计算机都能透过被称为封包(packet)的信息单位相互传送。每个连续编号的封包从一部计算机急速传送到另一部,直到抵达终端计算机为止,然后所有个别的封包都将在此以正确的次序组合成原来的讯息。若核战爆发,每个封包将持续行进并搜寻,直到找出一条仍能运作的路径④。

这个实验技术建立了一个称为ARPANET的网络,用以研究不受计算机机型且坚实可靠的资料互通技术。起初,ARPANET只连接美国西海岸四所大学的主计算机而已。到了70年代,原来的ARPANET已发展成跨越全世界的网络,一些研究组织以及教育机构开始将他们的局域网络和ARPANET连接而组成一个大型网络的集合⑤。

在1989年,英国学者提姆·柏纳斯·李(Tim Berners-Lee)在日内瓦郊区的"欧洲料子物理实验室"(CERN)里首先提出(world wide web, www)信息系统。该系统让科学家在分享信息时,可以让网际网络更容易上手,并建造出最早的浏览器。1993年美国超级计算机应用中心(National Center for Supercomputering Application, NCSA),利用柏纳斯·李的发明,将绘图和多媒体影像整合到

---

③ Section 1101(e)(3)(C):
Internet. —The term "Internet" means collectively the myriad of computer and telecommunications facilities, including equipment and operating software, which comprise the interconnected world-wide network of networks that employ the Transmission Control Protocol/Internet Protocol, or any predecessor or successor protocols to such protocol, to communicate information of all kinds by wire or radio.

④ Robert Spector:《亚马逊——杰夫·贝佐斯和他的天下第一店》,刘孟华译,远流出版事业有限公司2000年版,第35页。

⑤ 陈文锐:《电子商务交易课税之探讨》,中华大学工业工程与管理研究所硕士论文,2000年,第14页。

浏览器里，然后把它应用在大众市场的运算平台上，比如说窗口（Windows）和麦金塔（Macintosh），结果得到了 Mosaic（马赛克）。大部分现在可用的浏览器，包括网景的 Navigator 和征软的 Internet Explorer，都是由 NCSA 的 Mosaic 而来⑥。

刚开始的时候，网际网络只能用在学术研究，不得作为商业用途。但是由于自 1980 年代以来连上网际网络的私人企业越来越多，网际网络的商业应用需求也日趋明显，美国乃于 1991 年正式解除网际网络商用化的禁令，使网际网络的应用除了学术之外，更加的多元化⑦。

开放网际网络的使用，也让美国政府体认到建立国家信息基础建设的重要性。美国总统克林顿在 1993 年 2 月时提出国家信息基础建设计划（National Information Infrastructure, NII）。这份计划发表后，立刻引起世界各国的关注。各主要工业国也很快的宣布类似的计划⑧。

随着快速成长的上网人口，也带动庞大的商业发展，使得电子商务成为 20 世纪末各方瞩目的焦点⑨。美国在 1997 年 7 月时，由总统克林顿的公布《全球化电子商务发展架构》（A Framework for Global Electronic Commerce）一文中美国政府首先提出了该国发展电子商务的政策与愿景⑩。电子商务就在网络科技进展、上网人口增加、企业推动及政府辅助的情形下，成为一股不可抵挡的潮流。

第二项 电子商务之发展

第一款 电子商务之定义

对于电子商务，全球并无一致的定义。国内学者有认为："透

---

⑥ 同上注。
⑦ See Steven A. Hetcher, The Emergence of Website Privacy Norms, 7Mich, Telecomm. Tech. L. Rev. I.A.的说明。
⑧ 陈文锐：前揭注⑤文，第 15 页。
⑨ 冯震宇：《论电子商务之发展与其衍生的租税问题》，《财税研究》第 32 卷，2000 年第 1 期，第 36 页。
⑩ 陈文锐：前揭注⑤文，第 15 页。

过 Internet 网络上进行之商业活动,可以概称电子商务。"⑪ 亦有谓,所谓电子商务,乃系指利用电子工具或技术,在两个或两个以上的交易相对人间交换货物或服务并完成交易的能力⑫。

国外学者有认为其系指经由通信与计算机之使用,以电子交换及计算机处理商务信息与交易文件,所为之自动化商业交易⑬。亦有就电子商务的各种不同面向,分别予以分析定义者,如 Kalakota 与 Whinston 氏将电子商务分成四个层面来分析。(1)就通讯的层面而言:电子商务是利用电话、网际网络、或其他方法来传递信息、产品、服务或付款;(2)就企业流程的层面来看:电子商务是商业交易以及工作流程自动化的一种技术的应用;(3)由服务的层面来看:电子商务是解决公司、消费者与管理阶层想要降低服务的成本,又要提高货物的品质及加速服务的传递速度的一种工具;(4)由上线的层面来看:凡提供在网际网络上和其他线上服务之购买与销售产品和信息者,均为电子商务⑭。

世贸组织下辖的电子商务小组认为:"(电子商务)意味着以电子方式完成产品的制造、配送、行销或交运。一个商业交易可概分为三个阶段:广告及搜寻阶段、下单及付款阶段以及交运阶段。任一个或全部阶段皆可能以电子化的方式执行,因此皆可被电子商务的概念所涵盖。"⑮

由于目前透过网络以电子进行的交易的商品型能可区分为二:一为传统之有形财产,例如书本或 CD,买方在网络上选择商品、支付价款及完成买卖契约签订后,卖方再以传统的物流方式(如邮寄、快递等)完成商品交付之义务。另一则系无形财产或劳务的交

---

⑪ 王瑞文:《电子商务几问(上)》,《信息与计算机杂志》1996 年 12 月第 197 期,第 109 页。

⑫ Department of the Treasury Office of Tax Policy, Selected Tax Policy Implication of Global Electronic Commerce, p. 6, (1996, 11).

⑬ K. Harris and C. Middlehurst, International Legal Issues and Resources on the Internet, California State Bar Annual Meeting, (1996, 10, 12).

⑭ Kalakota Ravi and Whinston Andrew B (1996), Frontiers of Electronic Commerce, Reading, Mass: Addison-Wesley, 转引注自陈文锐:前揭注⑤文,第 9 页。

⑮ 林其青:《电子商务:租税与规划》,2001 年版,第 8—9 页。

易,此类产品经数字化后,具有两点特质:(1)数字化后的产品,无法经由传统物流方式取得,如仅以低成本即可从网站上之资库下载(download),或搜集相关信息,而数据库的内容则包罗万象,包括百科全书、电子邮购目录、音乐、影片及图画等;(2)数字化后的财货或劳务,亦毋须经由传统物流方式购买,于买卖双方契约订定后,价款之支付以及商品的运送,皆可经由网际网络来完成,例如金融性服务(包括:会计、保险及证券交易等)、博彩、计算机软件、电子书及 MP3 音乐之下载等[16]。因此,吾人以为凡借由计算机与通信技术之结合,以电子化方式透过网际网络所从事之商业活动,均可称之为电子商务[17]。

第二款 电子商务交易之整体架构

电子商务的任何一笔交易,通常包括五个层面:交易的"商流",配送的"物流",转账支付的"金流"、信息加值及传递的"信息流"以及缴交应纳税赋的"税流"。"商流"指接受订单、购买等销售工作,还有支持、售后服务等。"物流"指商品的配送。产品仍可经由传统的经销通路,当然数字化商品可直接以网络配送,如咨询、书籍等。"金流",指交易所涉及到的信息移转过程,包括付款、与金融机构联机、信用查询等。"信息流",包括商品信息、信息提供、促销及行销等。"税流",指交易过程中,消费者将营业税及贷款支付予电子商店,电子商品再按期向税捐单位报缴营业税,并于年度结束后报缴营利事业所得税[18]。其交易整体架构及流程如下图所示:

第三款 电子商务之经营形态

第一目 企业对企业之经营方式(Business to Business)

企业对企业的经营方式,主要谈的是企业间的数字电子化供应链应用整合问题,也就是企业与企业间利用计算机科技与网际

---

[16] 单佩玲:《网际网络交易整体性租税课征之探讨》(上),《税务旬刊》1999 年 5 月第 1714 期,第 20 页。

[17] 王传芬:《网络交易法律问题之研究——以消费者保护为依归》,台湾大学法律研究所硕士论文,1999 年,第 8 页。

[18] 陈文锐:前揭注⑤文,第 22—23 页。

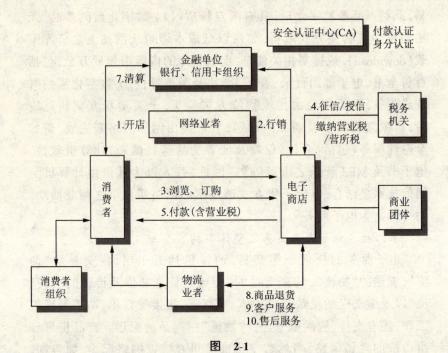

图 2-1

资料来源：陈文锐：《电子商务交易课税之探讨》，第 23 页；陈佳郁：《电子商务课税问题研究》，第 13 页。

网络所从事的商业活动[19]。例如企业利用私人或加值网络向其供货商进行整批订单采购或支付款项的商业活动。事实上，最早建立的电子商务形式，可溯及此种于 20 世纪 80 年代就出现的电子资料交换（Electronic Data Interchange，EDI）[20]，为电子化进行交易提供了一项重要的助益[21]。此外，亦可利用快速响应系统（Quick

---

[19] 裘友真：《网络创业 EC COOL》，捷思特信息文化事业公司 2000 年版，第 6 页。

[20] 系指业务往来公司彼此运用计算机及通讯技术，传递标准化格式之交易资料，例如订单、报单等电子文件，借由此种作业方式取代传统文书，并减少人为的干预，达到计算机自动化处理的功能。请参阅陈香梅、贾志豪：《电子商务下之租税议题及税收损失估计》，《财税研究》第 32 卷，1999 年 11 月第 6 期，第 3 页，注⑤。

[21] 熊爱卿：《安全电子商务的法制基础初探：从信息安全宏观角度谈台湾数字签章立法方向与原则》，台湾法学会学报第 19 辑，《网络与法律研讨会专辑》，台湾法学会编印 1998 年版，第 258 页。

Response，QR)[22]、电子订单采购及投标下单。由于企业对企业之电子商务通常以既定的合作关系为基础，因此其交易的对象较为结构化（structured commerce）。企业对企业的经营方式对于企业的最大效益为整合上、中、下游厂商构成信息网，使市场需求与销售动态能迅速传送到上游各企业，并及时转化成生产计划、原料需求计划、商品配送计划等。若更进一步则会组成电子企业社群（Electronic Business Community，EBC），整合"销售炼"与"经销炼"，使得生产不至过多或不足，并运用"同步工程"，大幅缩短产品上市的时间、减少库存，对于生产成本的降低与利润的提升均有极大的帮助。网络设备第一大公司 Cisco、台积电所建构虚拟晶元工厂均为目前企业运用此方式最显著的例子。企业对企业的经营方式是电子商务中最重要的部分[23]。据调查究显示，其交易金额在1998年约占整个电子商务市场总值的85%[24]。

第二目　企业对消费者的经营方式（Business to Consumer）

企业对消费者的经营方式，系指企业透过网际网络对消费者个人所做的商业行为或服务[25]。此类活动随着网际网络的发展而拓展迅速，企业者可利用网络虚拟商店（virtual shop）、电子邮件或者其他多种态样的电子方式向无远弗界的消费者推销各种货物或劳务[26]；企业也可以在网际网络上建立全球信息网站，直接与来自世界各地消费者或供货商进行交易而不受时间及空间的限制。而一般消费者也可以透过网际网络，经由远程计算机得以查询及订购

---

[22]　快速反应系统于1986年始自美国，由美国主要的平价连锁体系（如 Wal-Mart, K-Mart）及成衣制造商为主力开始推动。其意义为将买方与供货商连接在一起，以达到再生产与销售间商品与信息的快速与效率化的移动，以快速反应消费者的需求。起于美国的成衣制造周期过长（平均的生产周期为125天），造成存货成本过高、缺货率过高的情况。面对亚洲各国的强烈竞争，使得零售商与制造商开始合作，研究如何从制造、配销、零售至消费者的过程中缩短其中的周期，以达到降低存货成本，增加周转率与降低零售店的缺货率。请参阅，陈香梅、贾志豪：前揭注[20]文，第3页，注⑥。

[23]　同上注，第3—4页。

[24]　参见 U. S. Department of Commerce, The Emerging Digital Economy II, (1999), available at http://www.ecommerce.gov/ede/report.html，搜寻日期，2002/4/8。

[25]　裘友真：前揭注[19]书，第7页。

[26]　王传芬：前揭注[17]文，第24页。

货物、取得服务[27]。通常企业与消费者间的关系是较为自发性的（spontaneous commerce），其主要的运作流程为客户透过网站向网络商店订购，从网络直接下载，或是网络商店再联络制造商与物流公司将产品送给消费者，而后再向银行取款，当然此时制造商亦可直接扮演销售商的角色，诸如 Amazon 网络书店、网络证券商 E*Trade、透过网络直销的 Dell 计算机公司、网上拍卖行 eBay 以及网络行销商 Wal-Mart 等，均为美国从事企业对消费者经营方式著名的电子商务企业[28]。

第四款 网际网络服务提供者之态样与定位

第一目 网际网络服务提供者之态样

网际网络服务提供者，主要系提供数字化资料的运输、仓储与零售服务，是所有数字化资料的配送通路。其而附加的服务包括协助设计、制作管理网站及训练及管理企业内部网络课程等。由于许多网际网络提供者既提供联机服务又提供许多加值服务，因此欲探究网际网络服务提供者的法律责任，特别是税法上的地位及义务，吾人不得不先了解网际网络服务提供者之种类及分别所提供的服务内容，以判断其在税法上的地位问题。

一、网际网络服务提供者（Internet Service Provider, ISP）

网际网络服务提供者（ISP），提供的服务形态众多，分别加以论述：

（1）提供网际网络联机服务[29] 的网际网络服务提供者：此种 ISP 业者仅提供通路让计算机的使用者与网际网络连接。一般而言，网际网络服务提供者提供的网络联机服务有拨接式与固网式两种。拨接式透过调制解调器（modem）以电话连上网络，拨接式的联机服务，当使用者要连接上网，是由使用者采用电话线路，需要时才拨号接通。固网式则是透过资料专线（ISDN）、ATM 等固接式电信网络加以联机。在固接式的联机服务，因是以专线连接，随时

---

[27] 陈佳郁：前揭注②文，第 12 页。
[28] 陈香梅、贾志豪：前揭注㉑文，第 3 页。
[29] 此种服务包括有：国际网络架设咨询与安装、国际网络拨接服务、连接 128K、512K 专线、T1 等拨接、固接服务。

可以保持通讯两端的畅市,故单纯提供联机的网际网络服务提供者其性质类似于传统的电信业者[30]。

(2) 提供虚拟主机的网际网络服务提供者:在联机服务外,另一种 ISP 业者常见的服务是虚拟主机(virtual host, web-hosting),让小型用户的网站挂在网际网络服务提供者的服务器(server)下,即网际网络服务提供者业者向用户收取费用并提供其服务器之一部分的记忆空间(memory space)放置用户自己的网站,再向用户收取费用[31]。

(3) 提供加值服务:国内的 ISP 业者,除提供上述之基本联机服务及虚拟主机出租服务之外,网际网络服务提供者亦往往设置许多应用服务之主机,如电子邮件、档案传输(FTP)主机等,以方便其用户享受前开应用服务。又如提供客户金融信息查询、线上游戏、游学信息、专利商标查询及国际电信服务,可结合传真、电子邮件、呼叫器、行动电话与网际网络等等。而网际网络服务提供者本身为增加财源收入,亦有自己设置网站提供广告版面、线上购物网站以及各种线上信息的提供查询。又对于一般企业之服务,除单纯出租硬盘空间(虚拟主机出租服务)外,尚包括整体网络系统架设、Domain Name 代为申请、网页设计制作、代管公司专属 E-mail、训练及管理企业内部网络(Intranet)课程等等之服务[32]。

二、线上服务提供者(Online Service Provider, OSP)

常与网际网络服务提供者混淆的概念为线上服务业者。OSP 系提供上线后各项网际网络加值服务,如数据库(database)查询、论坛(forum)服务或各项检索工具,如 E-mail、WWW browser 及 FTP 等以便用户取得网上资源。举例而言,WESTLAW 提供法律数据库查询、LEXIS-NEXIS 提供法律与新闻信息之查询、Dow Jones Interactives 提供财经与新闻搜寻皆为提供数据库服务之 OSP。而美

---

[30] 陈佳郁:前揭注③文,第 6 页。
[31] 张雅雯:《网际网络联机服务提供者就网络违法内容之法律责任》(上),《信息法务透析》1998 年第 3 期,第 30 页。
[32] 王传芬:前揭注⑰文,第 202 页。

国的 EasyLink(AT&T)则提供 E-mail 及 EDI 等检索工具的 OSP[33]。

虽然 ISP 与 OSP 定义有所不同,但许多大型 OSP 在提供线上服务外亦兼做网际网络服务提供者,提供网际网络联机服务。像 American Online、Compuserve Information Service 这两大 OSP 除了提供各种线上数据库服务外,也都同时提供网络联机服务[34]。

三、网际网络联机提供者(Internet Access Provider, IAP)

另一种网际网络服务提供者为网际网络联机服务业者。IAP 只提供企业或个人通路以连接网际网络,通常他们向其他得直接连接网际网络公司购买网络联机,并将联机频宽分为许多部分销售给一般大众。举例而言,网际网络联机服务提供者可能购买一 T1 线路,再以资料专线(ISDN)或调制解调器(Modem)之频宽转租给他人。网际网络联机服务之客户基本上包含企业及一般消费者,而一般消费者可能以调制解调器及电话线的方式连接网络。网际网络联机服务业者(IAP)通尚亦可能为网际网络服务提供者(ISP)[35]。

第二目 网际网络服务提供者定位探讨之必要性

如同美国主要的网络服务公司身兼 ISP 与 OSP——同时提供联机服务与其他线上服务,台湾网际网络服务提供者也一样不只单纯地提供联机服务而已,还包含了各种网络加值服务。纵观国内网际网络服务提供者所提供的种种服务,从公司整体计算机网络架设、安装、咨询顾问、虚拟主机建制、网页(homepage)的设计制作等,乃至网际网络服务提供者自己设置网站提供线上购物、线上广告以及前述各式各样的线上信息提供与查询,从上游到下游,从与网络联机相关的各种硬件设置到与网络内容相关的各式信息资源的提供,网络服务业者的身份因其服务态样与范围的不同而有差异,很难单纯地为其下一个简单的定位。而定位的差异将进一步影响其法律责任[36]。

---

[33] 张雅雯:前揭注[31]文,第 30 页。
[34] 同上注。
[35] 王传芬:前揭注[17]文,第 199 页。
[36] 张雅雯:前揭注[31]文,第 30 页。

传统的法律领域内,通路提供者(Access Provider)与内容提供者(Content Provider),被课与的法律义务并不相同。如电信业者,依据《电信法》第8条第1项规定:"电信之内容及其发生之效果或影响,均由使用电信人负其责任。"因为电信业者提供电信通路,对于客户利用电信服务所为之通讯内容无权干涉,而客户利用电信通讯所为之违法行为,电信业者亦不必负担法律责任。另一方面,提供内容之媒体业者,如平面媒体、广播、有线及无线电视,除了就本身所提供之内容负起应负的责任外,对于在接受他人广告刊登时,对于刊登或播放之内容有事先编辑审阅之能力与机会,在一定要件之下,尚需就第三者所提供之内容共负法律责任㊲。

　　在税法上,网际网络服务提供者的定位亦可能依其提供之服务而受有不同的待遇。通常外国事业如果要对台湾地区境内之客户为销售,其可采行的方式有下述选择:至台湾地区境内设立固定营业场所或任命营业代理人销售之。在电子商务中,境外的营业人为求加速在台湾的网络信息传输速度,可能会向台湾的网际网络服务提供者业者,为提供虚拟主机或提供其他加值服务之契约,而将其购物广告信息、系统的程序、网页内容均放在向台湾网际网络服务提供者所租用的服务器上。此时可否将台湾境内的网际网络服务提供者拟制为营业"代理人"而协助该外国电子商务事业办理相关之登记及报缴义务,以及将该网际网络服务提供者认定为该外国电子商务营业人于台湾境内的"代理人"㊳,而须依《所得税法》第73条㊴规定计算该境外营业人之所得税款及向台湾税捐稽征机关申报及缴纳营利事业所得税,可能因该网际网络服务提供者为外国事业从事之事务项目,而有所不同。

　　㊲ 如《公平交易法》第21条第4项:"广告媒体业在明知或可得而知其所传播或刊载之广告有引人错误之虞,仍予传播或刊载,亦与广告主负连带赔偿责任。"又《消保法》第23条:"刊登或报道广告之媒体经营者明知或可得而知广告内容与事实不符者,就消费者因信赖该广告所受之损害与企业经营者负连带责任。"
　　㊳ 黄茂荣:《网上交易之课税问题》,《植根杂志》第17卷2001年第6期,第47页。
　　㊴ 《所得税法》第73条第2项:在"境内无固定营业场所,而有营业代理人之营利事业,除依第25条及第26条规定计算所得额,并依规定扣缴所得税款者外,其营利事业所得税应由其营业代理人负责,依本法规定向该管稽征机关申报纳税。"

第二节 台湾营业税法

第一项 营业税法建制之基本原则

第一款 营业税之正当性与宪法

国家之财政赖其收入来维持。宪法所致力者,在国家权力之设置、引导与管制,均依赖国家财政之筹措。而国家权力,其主要之表征在于立法权与课税权,盖国家须先取于民,然后才能用之于民。对于经济财之处分权,宪法首先要决断,是否生产工具要收归国有自己经营,或仅分享私经济之收益。此为私有经济体制与国家经济体制之抉择[40]。

台湾地区"宪法"对于国家取得收入之权力,所为之核心规定,即为私有财产制度之承认与保护("宪法"第15条、第143条第一项),拒绝对生产资料收归国有[41]。凡具有利用可能性与消费可能性之财产权,基本上归私人所有。财产权者,指私人一切具有市场交易价值之权利,特别指所得及财产之权利[42]。个人财产权之取得,不仅是由个人之劳心劳力,同时也是市场交易之结果。营利行为之前提,在于市场虽非国家所形成,但国家组织结合促成,并提供法律秩序之保障以便市场运作。个人财产之获得,背后有赖国家对生产职业法律制度之存在,利用国家之货币政策、商业政策、景气政策及经济政策,在需求与供给间取得经济利益[43]。

由于宪法所保障之财产权,将所有权保留于私人手中(私有财产权体制),仅对其收益部分,国家借税课而参与分配。"宪法"第15条财产权自由之保障,依第23条在公共利益所必要之范围内得依法律限制之。故财产自由权在台湾"宪法"上非神圣不可侵犯,

---

[40] 葛克昌:《人民有依法律纳税之义务,——以大法官会议解释为中心》,收于葛克昌:《税法基本问题》,月旦出版有限公司1997年版,第106页。

[41] 同上注,第107页。

[42] 葛克昌:《租税国危机及宪法课题》,收于葛克昌:《国家学与国家法》,月旦出版有限公司1996年版,第114—115页。

[43] 葛克昌:《综合所得税与宪法》,收录于葛克昌:《所得税与宪法》,月旦出版有限公司1999年版,第16—17页。

而在社会福利国家理念下,为公共利益国家保有限制之权。此种限制之社会立法下,财产权之自由使用负有社会义务("宪法"第145条,《民法》第148条第1项参照)。此种社会义务,最主要者即为纳税义务,税课阶段依财产权表现型态,及其所受宪法保障之程度不同,可区分为:财产权之取得、财产权之持有、财产权之使用三阶段,相应此三阶段而有所得税、财产税(如地价税、房屋税)与消费税[44]。消费税系就财产权之支出(消费)课税,现行法中最主要即为营业税。此种就支出或消费课税,乃就市场中自由交易,依物品需求而有新价格,国家就物品交易因新价格加值部分参与分配[45]。

人民有依法律纳税之义务,固为"宪法"第19条所明定,但课予人民纳税义务之税法,本身仍须具有正当性,始符合实质宪政国家要求。按租税之征收仅为国家财政收入之手段,而非国家之目的,故需要具有正当性[46]。因此,宪法对于规定人民纳税之法律,除了须通过法律优位与法律保留原则形式审查外,更进一步要求此种法律须与宪法价值观相一致,此种一致性一方面要求国家课税权应受宪法限制,特别是基本权,另一方面此种法律须有课征正当理由(实质正当性)。

租税依其性质,可分成以财政收入为目的之租税和非以财政为目的之租税两种。此二者背后所需的实质正当性基础有所不同。前者之课征系出于国家财政收入的需要,要求的是公共支出之公平负担。而后者之租税,其所增进之公共利益,为经济政策、社会政策之目的。因此,以宪法基本权观点,以财政收入为目的之税法,其合理正当性存在于国家财政收入如何公平分担于国民间,就其产生之负担效果,在宪法上的衡量标准即平等原则,具体的衡量基准为量能原则。非以财政收入为目的税法,此种以租税优惠创造经济诱因,就其产生之形成效果,其宪法衡量标准即为比例原则

---

[44] 葛克昌:《租税规避与法学方法——税法、民法与宪法》,收于葛克昌:《税法基本问题》,月旦出版有限公司1997年版,第36—37页。

[45] 葛克昌:前揭注[43]书,第12页。

[46] 葛克昌:《两税合一之宪法观点》,收于葛克昌:《所得税与宪法》,月旦出版有限公司1999年版,第111—112页。

(“宪法”第23条)㊼。营业税系以国家财政收入为目的之租税，量能原则自为其衡量之标准。

“宪法”虽未明文量能原则，然由“宪法”规定人民之财产权应予保障(“宪法”第15条)、“宪法”一方面确立私有财产制度，另一方面国家为增进公共利益所必要，得以法律限制财产权(“宪法”第23条)，此种为公共利益所作牺牲，以平等牺牲为前提(“宪法”第7条)㊽。人民所以有纳其应纳之税理由，在于其相信与其负担能力相同之邻人亦负担相同之税，其市场上竞争对手之租税成本与其相同。此种平等原则与国家市场竞争中立原则，若合符节㊾。是以，税法之目的，除了在于公平分配租税负担外，亦强调国家租税不得干扰市场自由竞争秩序㊿，即为中立性原则。

量能原则的适用范围，有学者倾向认为只及于直接的课税情形，例如所得税及财产税等，至于可否适用于间接的课税，则有不同意见(51)。有认为在间接的课税情形，如营业税，乃以市场上的参与者(无名氏)作为税捐负担主体，并赋予税捐债务人可以转嫁其税赋，此种间接税不适用量能课税原则(52)。惟吾人以为，由于现行税法选取为税捐客体者，主要为财产之取得、财产之持有及财产之消费(53)。对于“消费”课税，系对于所得及财产的“利用”课税。对于财货的使用消费也应属足以表彰税捐给付能力的类型之一，因此，对于所得与财产的使用进行课税，原则上应纳入量能课税的谱系中(54)，考量消费者的经济能力(55) 以及租税负担之合理正当性(56)。至

㊼ 同上注，第132页。

㊽ 葛克昌：《量能原则与所得税法》，收录于葛克昌：《税法基本问题》，月旦出版有限公司1997年版，第206页。

㊾ 葛克昌：前揭注㊻书，第131页。

㊿ 葛克昌：前揭注㊸书，第28页。

(51) 陈清秀：《税法总论》，1998年版，第58页。

(52) 同上注，第50页。

(53) 张钰婉：《台湾地区营业税制度演变之研究》，政治大学财政研究所硕士论文，2001年，第5页。

(54) 陈清秀：前揭注(51)书，第46页。

(55) 黄茂荣：《营业税之税捐客体及其归属与量化》(上)，《植根杂志》第15卷1999年第11期，第9页，注⑲。

(56) 葛克昌：前揭注㊻书，第125页。

于其所以将销售人规定为纳税义务人,纯属减少申报单位,以降低征纳成本之稽征经济之考量[57]。因此吾人以为量能原则应一体适用于所得税、营业税及其他各税,因租税不论其为直接税间接税,均为公权力对人民财产及权利之干预之故[58]。

综上所述,国家课征营业税之正当性来自于私人财产制度之保障,因而对于个人财产之支出课税。同时,为保障公平负担及租税不能干预市场之原则的贯彻,量能原则及中立性原则为对于国家课征营业税有逾越宪法界限之两大准绳。

第二款 量能原则

量能原则,依要求个人的税捐负担,应按照税捐义务人可以给付税捐的能力,加以衡量。量能课税原则要求按照个人给付能力课税的理念,虽属传统的税法思潮的存续,但其对于否认"对价原则"却具有相当的意义。

在对价原则下,税捐是对于国家所提供给付的对价,尤其是保护个人的生命、财产的对价时,则税捐必须按照国家所提供的保障衡量其税赋高低,从而课税的标乃是国家所保护的人及所保护的财产。然若基于量能原则,则税捐应该是使国家有能力为每个国民从事财政经济上的行为服务时,则税赋的衡量即与国家的给付分离。税捐义务人并非为其个人所受领的给付支付税款,而是为国家的各项任务(即为纳税人与非纳税人之利益而提供服务)支付税款。对于税捐之给付,国家享有财政的决定自由,而非作为补偿国家对于纳税人的给付义务。课税公平的程度应按照个人的负担可能性,而非按照个人享受国家的利益,加以决定[59]。

量能原则,乃是分配的正义之表现。德国联邦宪法法院裁判系自宪法的平等原则导出量能课税原则,并承认此项课税原则具有宪法上效力的根据[60]。基此,凡台湾税法上有关财政目的规范,应受量能课税原则的支配,此项原则可谓是"宪法"第 7 条平等原则

---

[57] 黄茂荣:前揭注[38]文,第 13 页,注[7]。
[58] 葛克昌:前揭注[46]书,第 125 页。
[59] 陈清秀:前揭注[51]书,第 37—38 页。
[60] 同上注,第 39 页。

的表现。其要求课税应取向于纳税人的经济上的给付能力。其中所得、财产及消费可作为衡量其经济上给付能力之指针[51]。

第三款　中立性原则

所谓中立性原则系排除为达成某种政策目的外,租税之课征应尽可能保持中性,使各种经济行为不致因租税之课征而有不同的影响[52]。详言之,其精义乃在于"租税课征应达成特定目的,除此之外,不应干扰市场制度"。所以营业税的课征应以不干预市场经济活动为依归,即干预愈少的租税,才是愈有效率、愈中立的租税[53]。例如毛额型营业税系对各交易阶段销售总额课税,会发生重复课税,有利于一贯作业之事业,而不利于分工较细之产业。而加值型营业税则无此缺点,故谓加值型营业税较能符合中立性原则[54]。

第四款　跨国交易时营业税课税权归属原则

营业税对于跨越不同课税辖区之交易处理,通常可分为目的地原则(destination principle)和来源地原则(origin principle)两种。前者乃意指不论财货于何处生产,财货的使用地或消费地政府拥有营业税的课税权;而后者系指不论财货在何处消费或使用,生产地政府均拥有课税权。

在来源地原则下,易有下述之缺点发生。首先,财货于出口时即已课税,则进口财货的租税负担因出口地区税率不同而异,会产生同一地区内相同财货租税负担不同的现象。其次,由于出口不退税,若本地区税率高于其他地区时,将不利出口财之竞争力。再者,由于各地区税率的差异,不但会扭曲消费者对财货的选择,也会影响生产者对生产地的选择。最后,由于进口财在出口地区所负担之税赋,可以在进口地区列为进项税额扣抵,造成进口国家的税收流向出口地区政府的现象。故一般而言,国际间的交易均不采此原则。

在目的地原则下,对出口财免税、对进口财课税,使进口财与

---

[51] 同上注,第58页。
[52] 王建煊:《租税法》,1998年版,第8页。
[53] 张钰婉:前揭注[53]文,第7页。
[54] 王建煊:前揭注[52]书,第8页。

本国财租税赋担相同,不会影响消费者的选择,对生产者的影响也小于来源地原则,故较符合前开营业税中立性原则。此外,透过边境管制可对零售商课税,而使加值型营业税发生追补作用[65],使进口商无法逃税[66]。因此,国际间的交易,基于税捐中立的竞争政策上的考量,课税权的归属多采行目的地原则[67]。

第二项 营业税的特征与种类

第一款 特征

第一目 营业税系消费税

经现行法选取为税捐客体者,主要为所得、财产及支出(消费)。其中支出(消费),所指者即是花用所得或财产,包括经由消费借贷取得之财产的花用。为稽征技术上的方便或稽征经济的考量,"支出"(消费)这个税捐客体实务上逐渐演变为"销售",亦即改以销售替代支出作为税捐课体[68]。

依《营业税法》第1条规定,台湾营业税系针对在台湾境内销售货物或劳务及进口货物加以课税。因此,营业税系对营业人销售货物或劳务行为所课征之一种零售税(Sales Tax)。目前台湾主要的零售税除营业税外,尚有关税、印花及货物税。

第二目 营业税系间接税

所谓直接税(Direct Taxes)者,乃指纳税义务人在稽征程序或征收效果上,不仅已尽纳税的义务,而于实际上亦真正的负担所完纳的税额,绝不能发生转嫁的情事,此类纳税者与负担者同属一人之税,系直接税,如所得税者是。而所谓的间接税(Indirect Taxes)者,系纳税义务人在稽征程序或征收效果上,虽然尽到类似的纳税义务,但于实际上未真正的负担所完纳之税额,可将垫付的税款,加诸在物价上,或用其他方法,转嫁由他人或消费者,负担其所预

---

[65] 所谓追补作用(catching-up effect),系指在加值型营业税中,交易前手少纳之税,将在交易后手销售货物或劳务时追回。请参阅王建煊:前揭注[62]书,第492页。
[66] 张钰婉:前揭注[53]文,第9—10页。
[67] 黄茂荣:前揭注[53]文,第10页。
[68] 黄茂荣:《营业税之税捐客体及其归属与量化》(上),《植根杂志》第15卷1999年11期,第5页。

缴的税额。该类可发生转嫁情事之税,则为当今论者们所承认的间接税。其特质为完纳税捐与负担税款者,不必同属于一人,如关税者是[69]。

营业税系将原来以支出(消费)为税捐客体,改造为以销售为税捐客体,原为稽征技术上的方便或稽征经济的考量。盖以销售为税捐客体可改以销售为纳税义务人,从而减少税捐之申报单位,降低征纳成本,但营业税最后仍应经由转嫁归属到购买人或消费者[70]。是以,虽然台湾《营业税法》第2条规定,原则上以营业人为纳税义务人,但是真正负担营业税之人,实为货物或劳务的购买人或消费者,所以台湾之加值型及非加值型营业税应为间接税之一种。

第二款　种类

第一目　依产销阶段课税次数区分

按营业税之课征,有按产销阶段课税次数的多寡之不同,可区分为多阶段零售税(Multiple-stage Sales Taxes)与单一阶段零售税(Single-stage Sales Taxes)[71]。若对交易过程中,制造、批发及零售各阶段销售行为皆课税者,称为多阶段零售税。若仅对于某一阶段销售行为课税,而对其他阶段销售行为并不课税者,称为单一阶段零售税[72]。单一阶段零售税又根据课税阶段之不同,分为制造税、批发税及零售税三种[73]。

加值型营业税因为包含了前述两种各自的特色,因此可谓是多阶段零售税与单一阶段零售税的混合体。加值型营业税对于产销过程的每个阶段均予以课税,但是所造成的租税赋担又与单一阶段零售税相同。这是因为它只对产销阶段中加值的部分课税,而加值的部分总合即等于最后的零售价,所以与以零售价课税的结

---

[69]　邓海波:《营业税理论及稽征实务》,五南图书出版公司1983年版,第203—204页。
[70]　黄茂荣:前揭注[68]文,第5页,注[9]。
[71]　王金和:《电子商务交易课税问题——法律与实务研究》,"财政部"1999年下半年及2000年度研究发展专题报告,2000年版,第37页。
[72]　王建煊:前揭注[62]书,第483页。
[73]　张钰婉:前揭注[53]文,第5页。

果相同[74]。

第二目 依税基区分

营业税的课征依课税税基可分为毛额型营业税与加值型营业税。前者系就销售货物或劳务之毛额，即销售总额作为税基课税[75]。后者，系就货物或劳务在产销过程中，每一阶段的加值额所课征的零售税。所谓加值系指各纳税单位销售货物或劳务的销售额，与向其他纳税单位购进货物或劳务所支付之金额，两者间的差额，作为课税之税基[76]。

第三项 台湾《营业税法》之沿革

第一款 旧制营业税之内涵

1914年之特种营业税，为台湾旧制营业税之滥觞，其课税营业限于皮货等13种，故当时称为特种税。1928年"财政部"召开第一次台湾地区财政会议，决议开征营业税为裁厘之抵补，并于1931年6月13日实施，台湾现代《营业税法》于焉诞生[77]。

但营业税自1931年6月建制至1985年改制期间，50余年《营业税法》虽历经13次修正，但基本课税方式并未改变[78]，一直采取多阶段按营业总额课征，即凡物品转手一次，就必须按营业总额课一次税，因此已课税的成本仍须再课[79]。例如原料供货商以1000元价格售予制造商，即照1000元课税；制造商经制造后以1500元价格销售批发商，则按1500元课税；批发商如以1800元分销零售商，又照1800元课税；最后零售商以2000元价格卖予消费者，则再按2000元计征营业税[80]。

---

[74] See Richard Doernberg and Luc Hinnekens, Electronic Commerce and International Taxation, p.21, (1999).
[75] 王建煊：前揭注[62]书，第483页。
[76] 刘其昌：《加值型营业税理论基础及优点》，《"立法院"院闻》第22卷，1994年第5期，第66页。
[77] 张钰婉：前揭注[53]文，第12页。
[78] 《营业税法》修正草案总说明，收于《"营业税"修正案》，《"立法院"公报法律案专辑》第93辑财政（三），"立法院"秘书处编印1986年版，第4页。
[79] 刘其昌：前揭注[76]文，第66页。
[80] 颜庆章：《新营业税法释论》，1986年版，第1页。

第二款　营业税之改制

第一目　改制原因

一、旧制营业税之缺点

（一）违反营业税中立性原则

重复课税违反对企业课税平等原则,其损害对企业课税之法律形态(企业组织形态)中立性与市场竞争中立性[33]。营业税的建制须符合中立性原则,不能因租税而影响经济行为,已如前述。在旧制营业税制度下,因税率结构复杂及重复课税,以致干扰企业经营方式,及影响产销分工,减低经济效率,企业家为了节省税赋,必会设法减少交易次数,也就是朝一贯作业的方式经营,而避免采取分工专业的方式,详如下图所示：

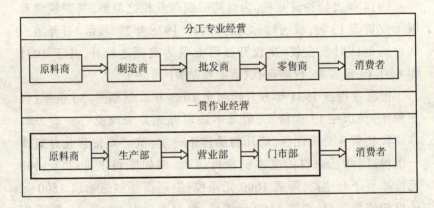

图　2-2

资料来源：刘其昌：《加值型营业税理论基础及优点》,第 67 页。

这种对于小规模分工专业经营者不利,对大规模一贯作业者有利,亦即鼓励企业从事垂直合并,干扰企业对经营方式的选择,违反中立性原则的要求。

（二）违反量能课税原则之要求

量能课税原则亦为营业税制度之重要指导原则之一。虽然营业税的纳税义务人为营业人,但由于其可将其所预纳之营业税,透

---

[33]　葛克昌：前揭注[46]书,第 150 页。

过转嫁等机制,转给消费者,该等营业人本质为"代征"之性质,营业税最终之负担者仍为消费者。因此,营业税在建制上不得不考量人民给付税捐的能力[32]。而旧制营业税会造成重复课税、税上加税等结果,造成消费者负担过度之课税,违反量能原则。分别说明情形如下:

1. 重复课税

所谓重复课税系指相同税基被课二次以上之税[33]。因为每交易一次,即按销售总额课征一次营业税,所以前一阶段已课营业税的税基,到后一阶段销售时又要重复课税,因此,同一货物所经过之交易阶段愈多,其累积在货物价格内之税赋愈高,造成重复课税的结果[34]。重复课税除了会造成前述之中立性原则违反以外,更使得人民负担其不应该负担的额外税捐,违反量能原则要求的防范税课过度之要求。

2. 税上加税

所谓税上加税,系指前手所付之税,因含于税基中再被课税。前一阶段销售所纳之营业税,就是之一阶段进货成本及售价的一部分,如果该营业人按含税之进货成本"加价"出售后,就会产生税上加税的现象。各营业人所各自缴纳的税赋,不应成为下一阶段营业税之税基,因此,消费者于最后购买时,负担了本不应负担之前阶段销售人之税赋。且随着货物或劳务交易次数的增多,此种不利现象便如同滚雪球般加大,造成"金字塔效应"[35]。这种税上加税的情形,实肇因于不得作为下一阶段"应纳税额"之税基的"本次应纳税额",竟因为税法规定使得前阶段所付之税,成为后阶段应纳税额之税基的一部,造成人民多缴纳本不应缴纳之税捐。量能原则系国家征收税捐之宪法上界限,逾此而征收税捐时,即违反"宪法"第15条保障人民财产权之要求,该等税法规定有违宪之虞。

---

[32] 葛克昌:前揭注[48]书,第204页。
[33] 王建煊:前揭注[62]书,第508页。
[34] 许诗玉:《加值型营业税实务管理》,1986年版,第2页。
[35] 同上注。

二、新制营业税之优点

有鉴于上开的缺点,台湾营业税制于1985年全面改革,改采加值型营业税制度。此一制度系始自法国,后为欧盟采用,成为欧洲各国现行的营业税制度。而后由于成效良好,蔚为风潮,OECD会员国除美国及加拿大外,均已采用加值型营业税。台湾因旧制营业税问题众多,因此于1969年起研拟营业税修正方案,以欧盟加值税作为改进营业税建制之蓝本。

所谓的加值型营业税,是就货物或劳务在产销过程中,每一阶段的加值额（added value）所课征的零售税[86]。虽为多阶段零售税制,但是其税基是每一阶段的"加值额",而不是按毛额课税,为与旧制营业税最大之不同[87]。而货物到达消费者手中时,在产销各阶段已课征的加值税,正好等于在零售阶段按零售额依同一税率课征的税额。换言之,加值型营业税,最后的结果与零售商零售税制完全相同,消费者所负担的税,也完全等于政府所得到的税款[88]。

（一）无重复课税及税上加税之现象

重复课税系因对毛额课税所引起,税上加税则系因税款内含所发生[89],而加值型营业税系就一阶段之加值额课征,不包括前一阶段已纳的营业税,税款外加,故现行营业格的重复课税和税上加税的现象,可以完全消除[90]。

（二）符合中立性原则之要求

由于加值型营业税是对"加值额"课税,不论加工层次多寡,同一个商品税率一样,不会因生产层次不同而发生不同税赋,因此采行加值型营业税后,无论营业人以小规模分工专业化方式经营,或以大规模一贯作业方式经营,只要销售额相同,营业税赋担就相同。因此企业的经营方式,不受加值型营业税的干扰,维持中立性原则的要求。

---

[86] 《营业税法》修正草案总说明,前揭注[75]书,第733页。
[87] 同上注,第735页。
[88] 同上注,第736页。
[89] 王建煊:前揭注[62]书,第508页。
[90] 刘其昌:前揭注[75]文,第70页。

第三款　地方税变更为国税

于1985年修正《营业税法》时,为便于改制,尽量减少修法并方便计算,并未遵循其他实施加值税国家,将营业税改为国税。但是由于货物或劳务常跨越不同省市,遂发生甲地纳税乙地退税或抵税,使乙地政府减少税收[51],造成省市间税源流动,相互争税的情形[52]。

此外,当营业人之总机构及其他固定营业场所设于台湾境内各地区时,原则上须分别向各地区分缴营业税额,但为避免分支机构众多的企业因分别报缴所造成的不便,乃允许企业可以自由选择在总机构所在地合并总缴(《营业税法》第38条)[53]。因此,营业人在何地报缴营业税,将直接影响当地省市政府税收[54]。而由于各大企业的总机构多设在台北市,在利用合并报缴制度后,造成大量的税收集中台北市[55],形成各地税源分配不均,地方争税情形愈演愈烈[56]。

因此,台湾于1999年1月,修正《财政收支划分法》第8条及第12条,将营业税列为国税,并就总收入提拨40%,由中央统筹分配地方政府,以确保地方财政收入。自此,台湾营业税成为国税之一环[57]。

---

[51] 这是由于加值税采行进销项税额扣抵的方式,因此,往往纳税义务人在甲地进货,向甲地政府缴交进项税款,而于乙地销货,向乙地政府主张依销项扣抵进货时支付的进项税额或退税。所以会发生甲地纳税乙地退税的情形。

[52] 王坤一:《营业税改制国税问题平议》,《税务旬刊》1993年12月第1614期,第10页。

[53] 洪东炜:《营业税稽征与问题之探讨》,《税务旬刊》1994年9—10月第1644期,第9页。

[54] 张钰婉:前揭注[53]文,第24页。

[55] 洪东炜:前揭注[53]文,第9页。

[56] 吴怡谅:《扫除地方争税乱源:营业税改制为国税应排除万难》,《实用税务》1996年第9期,第42—43页。

[57] 修正理由如下:

台湾营业税因已采行加值税制度,由于其进销项税额每需跨越地方行政区域,致使全世界实施加值之98个国家,除巴西及台湾地区外,均将之定位为国税,而巴西地方政府争夺加值税税源已甚显著,台湾地区此一现象亦渐突显,常造成跨越省、直辖市之企业莫大的困扰,爰于第8条第1项将营业税改为国税。请参阅《"立法院"公报》,第88卷,第5期,《院会纪录》1999年第1期,第723页。

第四款 2001年7月9日之修法

第一目 名称变革

《营业税法》于1985年修正时,并非全部销售行为均以加值额课税,仍有其例外规定。因此台湾现行之营业税可谓是加值型营业税与毛额型营业税两种兼采,但以加值型营业税为主。课征毛额型营业税者有金融及保险业、特种饮食业及小规模营业人。

金融及保险业由于营业性质较特殊,不宜按进销差额(加值额)课征营业税,因此仍按销售总额课税[98]。特种饮食业由于多属寓禁于征之行业,为政府所不鼓励者,税率宜高。政府采行加值型营业税前,其毛额型营业税税率高达35%至45%,而加值型营业税税率仅5%,如将特种饮食业一并改征加值型营业税,税率将大幅降低,有违寓禁于征之政策目的,故仍维持课征毛额型营业税[99][100]。小规模营业人因规模狭小,交易零星,且家数众多,本身多缺乏会计及处理加值型营业税之能力,故仍维持课征毛额型营业税[101]。

是以原则上台湾系采加值型营业税之地区,仅对前开几种课征加值型营业税较有困难者,采毛额型营业税。但是于1985年修法时,为避免名称变更该社会大众误以为政府另立新税,降低营业税法修正时受到的阻力,因此名称仍维持不变。而至2001年修正营业税法时,为求正确表示台湾营业税法之内涵,故于将本法之名称改为《营业税法》,且于第1条及第1条之1规定在"境内销售货物或劳务或进口货物,均应依本法规定课征加值型或非加值型营业税。""本法所称加值型之营业税,系指依第4章第1节计算税额者;所称非加值型之营业税,系指依第4章第2节计算税额者。"[102]

---

[98] 《营业税法修正草案》第11条金融及保险业修正草案说明,前揭注[78]书,第36页。
[99] 同上注;王建煊:前揭注[62]书,第486页。
[100] 特种饮食业目前依《加值型及非加值型营业税法》第12条其种类及税率如下:
(1) 夜总会、有娱乐节目之餐饮店之营业税税率为15%。
(2) 酒家及有女性陪侍之茶室、咖啡厅、酒吧等之营业税税率为25%。
[101] 张钰婉:前揭注[53]文,第21页。
[102] 即前述金融及保险业、特种饮食营业人及小规模营业人。

而长久以来台湾一直沿用的"营业税"名称,于此划下休止符[103]。

第二目　进口货物营业税由海关代征

《营业税法》第 41 条前段规定:"货物进口时,应征之营业税,由海关代征之。"这是由于过去货物于进口时免征营业税,造成税源掌控不易,且地下经济及虚设行号情形日益严重[104],故于 2001 年修法时,将进口货物课征营业税的时点,改为进口时一律由海关代征。将可减少进口货物逃漏税捐的情形,使国产货物也可与进口货物处于公平竞争之地位。

第三节　电子商务在《营业税法》上造成之难题

第一项　电子商务之特色——以亚马逊网络书店为例

第一款　亚马逊网络书店(Amazon.Com)

1995 年,线上零售商"亚马逊网络书店"(Amazon.com)开始营运。不同于传统的书店,亚马逊没有任何一间贩售书籍的实体店面,毋须投入资金人力维持店面的运作,也因而可以比传统书商提供更多种类的书籍供顾客选择。亚马逊坚信优良的服务是企业最终能提供的价值,为了使顾客留下愉快的购物经验,亚马逊提供功能强大的线上搜寻(online search)工具,协助顾客在最短的时间内找到所要的书籍。此外顾客也可以在网络上浏览特定主题的书目,每本书目均有简短的书评或介绍等加值信息,供做顾客选购的参考。

由于拥有上述传统书商所无法提供的服务,亚马逊的营业额在短期间内大幅成长,在 1997 年及 1998 年分别达到 825% 及

---

[103] 惟亦有学者认为在营业人已习惯此一税法内容与名称 15 年后,又修正营业税法名称,似不必要。请参阅刘其昌:《加值型及非加值型营业税法部分修文修正案剖析》(下),《税务旬刊》2001 年 10 月第 1803 期,第 20 页。

[104] 营业人往往于货物进口后未报关前即设法自行歇业或他迁不明,造成税务机关税源掌握困难。再加上进口货物未经报关课税即流入地下市场,亦助长地下经济活动。由于进口货物未就源课税,其售价较低而具竞争力,致使国内正当营业人遭受威胁,形成劣币驱除良币的不良现象。又进货厂商因无进货发票,故其销货予一般营业人时常向虚设行号购买统一发票供购货人抵税,而使虚设行号更形猖獗。请参阅,洪东炜,前揭注[95]文,第 8 页。

312%。亚马逊网络书店与传统书店相较之下,存在着许多竞争优势,包括毋须负担实体店面的租金及人工成本、毋须积压资金于存货、先收书款再寄送书籍,使资金的运用更为灵活等。因此,虽然亚马逊网络书店目前仍处于亏损状态,投资者对于亚马逊网络书店未来的营运前景仍然非常看好[105]。目前亚马逊除了纸本书的销售外,也销售电子书及音乐电影CD等。

亚马逊网络公司于1995年2月登记为德拉瓦州的公司[106],但公司实际所在地是在美国华盛顿州的西雅图市[107]。由于亚马逊网络书店没有实体店面,早期亚马逊在接到网络订单后,多半转向书籍大盘批发商 Ingram Book Group 购书[108],因此毋须保有大量的库存书。当营业额大幅成长后,公司为降低成本及达成95%的订单可以在当天收到书籍成为公司的主要目标,所以亚马逊公司除了在华盛顿州西雅图的发货仓库外,陆续在德拉瓦州、内华达州、堪萨斯州、佐治亚州、肯塔基州等地设立经销中心[109]。并于1998年购并了英国书页公司电子书店(Bookpages)及德国的大型线上书店电子图书公司(Telebuch Inc.),分别更名为 Amazon.co.uk 及 Amazon.co.de,并于英国的斯劳(Slough)及德国的里根斯堡(Regensburg)分别设立了经销中心[110]。

第二款 亚马逊网络书店当前在美国课征零售税的现况

当时亚马逊网络书店的公司实际营运地的设置时,会选择在华盛顿州的西雅图市,零售税的缴交是相当关键的因素之一。因为只有住在公司实际设立地的州的居民买书才需要付零售税,所以公司的地点必须设立在人口不太多的州,如华盛顿州[111]。

Andrew L. Shapiro 就此情形,亦有批判性的论述。他认为,在

---

[105] 王正文:《电子商务对销售税基的冲击——以美国加州为例》,逢甲大学会计与财税研究所硕士论文,2000年,第14页。
[106] Robert Spector:前揭注④书,第53页。
[107] 同上注,第50页。
[108] 同上注,第44页。
[109] 同上注,第266—267页。
[110] 同上注,第228—229页。
[111] 同上注,第49页。关于美国的零售税及使用税制度,本文第三章第一节有详实的说明。

传统商务下，我们是依赖中间人来达成公共目的，比如说租税的收缴。然而，随着电子商务的成长，以及消费者规避掉中间人直接向制造商购买商品，各州及地方政府很难征收零售税，这个结果是相当严重的⑫。以亚马逊网络书店为例，他们可以仅将发货中心设置于华盛顿州或德拉瓦州，将书籍直接透过物流业者寄送给加州的消费者，尽量避免在各州境内形成课税连接(nexus)，以规避开征零售税之州要求亚马逊网络书店代扣报缴使用税的要求，免除租税的负担⑬。

德拉瓦州为免零售税及使用税之租税天堂⑭，加上依照美国联邦最高法院认为美国宪法禁止各州针对进行远距离销售行为的营业人(无论是透过邮购、电话或者网络从事商业行为)课与零售税及使用税义务，除非该销售之营业人与想要征税的州之间有实质的课税连接关系可言，例如，这个营业人在该州有营业地或经销中心。因此，亚马逊网络书店只有对于寄送到居住于华盛顿州、内华达州、堪萨斯州、佐治亚州及肯塔基州内的消费者订货加上零售税以外，没有其他州的消费者收取零售税而缴交给该州的课税机关，是完全合法的⑮。

第二项 电子商务的特色造成税捐课征之冲击

第一款 匿名性难辨纳税义务人

租税稽征要能有效执行，第一步必须先辨明纳税义务人⑯，因为惟有确认课税主体后，税务机关才得以主张其课税主权。在传统商务环境下，营业人必须向税务机关进行营业登记，才得从事营业行为，因此税务机关得以掌握课税主体的实质所在及相关资料。

然而由于网际网络是完全开放的公共体系，提供了网络使用者

---

⑫ Andrew L. Shapiro：《控制权革命》，刘静怡译，城邦文化事业股份有限公司2001年版，第228页。
⑬ 王正文：前揭注⑯文，第18页。
⑭ 同上注。
⑮ Andrew L. Shapiro：前揭注⑫书，第228—229页，注⑥。
⑯ 贾志豪：《电子商务与其衍生租税问题之研究》，政治大学财政研究所硕士论文，2000年，第39页。

隐匿自己身份的机会。在目前认证机制尚未完备的情况之下,在网际网络上要确认使用者身份还存在许多的障碍。况且在电子商务环境下,网络商店惟一存在的只有网址(domain name),而网址通常和网络商店所在并未存在任何关连。以亚马逊网络书店为例,其的网址为 http://www.amazon.com,消费者只能知道其网址,却无法从网站地址来判断亚马逊网络书店其企业经营之真实地点的确切位置。而当消费者透过网络向亚马逊网络书店下单订书时,亚马逊网络书店亦无法确认消费者之身份及所在地,仅能由消费者输入的资料中得知商品应送达的地址,或账单寄送的地址。因此,现阶段的网络交易在匿名性及缺乏身份的确认机制下,对于税务机关的征收造成相当大的困难[117]。

第二款 无国界之交易场域难定课税管辖权

真实世界中的固有疆域界址,区划了不同的法律制度,一旦现实中进入不同的疆界领域,就进入不同的主权区域,但是,网际网络空间上的全球性及打破疆界的障碍的特性,将使主权或管辖权区域界线变得模糊,亦使得传统管辖权基础产生动摇[118]。

网际网络跨越国家地理疆界藩篱的限制,使得跨境交易更加频繁。而且由于网际网络的无国界性,个人及企业不论其居住地与从事营业行为所在地为何,均能在世界各国设立网址以进行交易。目前世界各国对于零售税的课征大抵采用目的地课税原则(destination base),亦即在跨国交易中系以进口国拥有课税主权。传统商务的跨国交易大多透过中间商进口,存在实体的课税稽征点,课税主权的划分亦较为明确[119]。

在网际网络上进行电子商务之实质课税主体,无论其住所或营业场所设在何处,皆可在任何课税管辖权范围内设立网站从事商业活动[120]。当一国的营业人可以轻易地透过网际网络,将网站架设

---

[117] 王正文:前揭注[115]文,第19页。
[118] 陈佳郁:前揭注③文,第16页。
[119] 王正文:前揭注[115]文,第19页。
[120] 单佩玲:《来自电子商务的挑战——电子商务与税务行政之探讨》,《实用税务》1999年第6期,第25页。

于世界各地,并向全球居民进行商品与劳务的交易,因此,对于税捐机关而言,要确定全球从事电子商务的网站中,何者是由本国营业人所经营,何者是由外国营业人经营更是一大难题[121]。消费者直接透过网络购物时,交易行为可能同时发生在两个不同的租税领域,甚至可能出现电子商务业者、完成交易之计算机服务器及消费者三者分别位于不同租税领域的情况,使课税主权的归属认定更为复杂。若租税领域间采行的课税原则不一致,更会造成双重课税或双重不课税的情形[122]。

在劳务部分,不论是专业人士(如律师、会计师、医师等)之服务,或是网络银行、有价证券交易与电信服务等,均涉及各国对于劳务是否课税与如何课税的复杂问题。过去在固有国家疆界的基础下,国际间对劳务之课税已有共通的原脚,但是在网际网络及电子商务兴起后,对利用网际网络所提供的各种类型的劳务应如何课税,由哪一个国家取得课税的权利(究竟是以劳务的提供人居住地国、或是劳务接受人居住地国、或是以网站登国或服务器所在地国)亦成为各方关切的焦点[123]。

以亚马逊网络书店为例,消费者在台湾境内,亚马逊网页服务器位于美国西雅图,发货中心则是在美国德拉瓦州,该笔实体商品网络交易将涉及三个租税领域,课税权之归属不免产生疑义[124]。

第三款 商品形式的创新——数字化产品难以定性

信息技术的另一个主要的特色便是可以将大量的信息从实体型式转换为数字形式,包括音乐、计算机软件、图片、书籍、电影及数据库均可以数字化,使信息可以更迅速轻易的利用网络传输,毋须再借由CD、录音带及纸本印刷等实体包装出售,增加了消费者

---

[121] 贾志豪:前揭注[115]文,第39页。
[122] 王正文:前揭注[103]文,第19页。
[123] 冯震宇:前揭注⑨文,第40页。
[124] 由于台湾地区和美国均采行目的地课税原则,因此课税主权可以明确地归属于台湾地区。然而,当位于英国的网站维护公司利用网际网络对亚马逊网络书店提供远距服务时,则因目前对此种远距服务提供发生地的认定仍未达成一致的见解,因此对于课税主权的归属认定仍存有争议。请参阅,王正文:前揭注[103]文,第19页。

购买的便利性[15]。数字化商品可直接利用网络传输,根据交易形态多样化,有时是下载后储存于硬盘,有时仅是暂时储存于内存(RAM)或者是硬盘的高速缓存(Cache)中,并无实体交付物的行为[16]。

网络电子的交易形态可以大概地分成二大类。第一类是有形商品的交易,第二类为无实体商品的交易,特别是与智能财产权有关的商品,例如软件、音乐、数据库、电子书等。

就有形商品交易而言,例如现在十分普遍的购物网站,在电子商务的架构下,虽然涉及缔约方式的改变,也就是虽然透过网络交易,但是这些有形商品仍然必须要透过海陆空等运输方式交付,由于此等有形商品仍须经过通关程序,因此仍可依据现行税法课税由海关代征营业税,对于现行营业税的稽征影响较小。比较有争议的,就是究竟那一个租税领域可就该交易行为课征营业税的问题。

至于无实际形体的智能财产权商品,电子商务的发展,不但使得该等商品的交易方式改变,更涉及商品交付方式的改变。也就是说,买受人不但可以透过网际网络进行交易,更可直接透过网络自由选择由那个服务器下载商品。由于此等交不需通过各国的海关,因此商品的进口国并无法借由海关代征营业税的机制,收取到营业税,造成税收的流失。由于对于此种商品交付方式迥异于传统交易下实体商品交付的态样,因此究应将之定性为货物的销售、劳务的销售或直接定性为权利金,滋生疑义[17]。

由于现有各国的营业税制主要均系针对实体商品而制定,对于无实体的智能财产权商品(如数字化商品)则完全无任何的规范。因此电子商务课税最首要的争议,即为未来是否对数字化商品课税。如果课税则必须面对第二个问题,即如何定性数字化商品,应适用劳务或货物的规定课征营业税。

---

[15] 同上注,第20页。
[16] 陈佳郁:前揭注③文,第17页。
[17] 冯震宇:前揭注⑨文,第40页。

第四款 产销流程的转变——中介商的消逝造成之课税挑战
第一目 产销流程之沿革

产销系商业交易过程不可或缺的一个环节,产销的过程,会影响课税的方式,因此,探讨电子商务如何影响课税问题,就不得不需要介绍电子商务的产销流程。

商业交易方式发展的特征,吾人可将买方与卖方完成交易,从传统商务演变到电子商务,分成几个不同的阶段[18]:

(1) 面对面交易阶段:厂商→大盘商→中盘商→零售商→消费者

此为最完整的交易模式。

(2) 直接交易阶段:厂商→地区性商场(如大卖场,为中间商)→消费者

此阶段已经减少了中间商,降低运费及储存等费用,并使得销售市场的区域扩大,降低重复课税的租税负担。

(3) 邮购交易:厂商→中间商→消费者

利用印刷物作为行销的媒介,开启了减少中间商的剥削,但这个利用过程主要是受到公众事业的贴补与媒介传递成本的降低,一方面是邮寄的邮资小于邮寄的成本,形成邮政单位对邮购商的补贴,另一方面邮政单位短期邮寄成本固定,可吸收邮购商邮寄量,双方皆可降低成本。

(4) 电子交易:厂商→中间商→消费者

电话行销及电视购物频道,利用电子媒体来扩大传统的邮购事业,有形产品上的市场交易,亦为进一步减少中间商的剥削。

(5) 网站下单:厂商→网络业者(中间商)→消费者

有形商品的营业人,包括制造商或中间商,以架设一个网站广告他们的产品,并可以让顾客以屏幕式按键轻松选购产品,及同时提供信用卡资料。透过网际网络成功销售的商品,有书籍、计算机、计算机软件、汽车、酒、CD等。而且架设网站科技的问世,使得小商家得以极低的成本,达到广及全球的广告效果。

---

[18] 王金和:前揭注⑦书,第32—33页。

(6) 线上交易：厂商→消费者

线上交易以贩卖数字产品及信息服务为轴,最明显的是以下载方式购买音乐、影带、软件及电子书报等数字产品,减少中间商的机会。

第二目　中介者的消逝(disintermediation)造成课税困难

在传统交易中,中介者系税务机关获取重要课税资料(如买卖双方交易额及确认交易者身份等)之来源。然而随着传统中介者角色之消灭,消费者利用网络商务技术直接与国外制造商在网络上订立契约,再经由邮寄或快递之方式交货,如此一来原由中介者负责缴纳之营业税义务,将转由消费者负担。如果利用此方式经营国际贸易之销售者显著成长,将会增加租税行政之复杂化[12]。

在传统商务环境下,台湾加值型营业税之相互勾稽设计即是由中介者的申报资料,进行交易轨迹的串联。然而网络技术的出现,改变商品的产销方式,生产者毋须再透过传统中介者(如进口商、批发商、经纪人、代理商等)进行配销,而利用网络商店建置成本低、产销范围广的特性,与消费者直接完成交易,实体商品再利用物流管道直接送达到消费者手中;非实体商品亦可透过网际网络,直接传输至消费者家中的计算机上,均毋须借由中介代理商即可完成跨境交易。税务稽核轨迹(Audit Trail)随着传统中介者角色的消灭亦消逝于无形,使得税务机关更难取得课税资料[13]。以书店为例,自传统销售形态到电子商务销售形态其转变如图一所示：

以购买书籍为例,在传统商务下,消费者欲购买进口原文书籍必须透过国内的中介代理商向国外出版商进口,而该中介代理商为台湾境内之营业人,因此台湾税务机关可以有效地从中介代理商的申报中,掌握相关资料。但是,亚马逊网络书店没有实体店面供顾客直接选购书籍、付费,然后带回家,消费者可以轻易地以网际网络跨越国境,向亚马逊网络书店订购原文书籍,书籍则透过邮寄或快递业者,将书籍直接寄送到消费者指定的地址。因此,在电

---

[12] 单佩玲：前揭注[20]文,第26页。
[13] 王正文：前揭注[15]文,第22—23页。

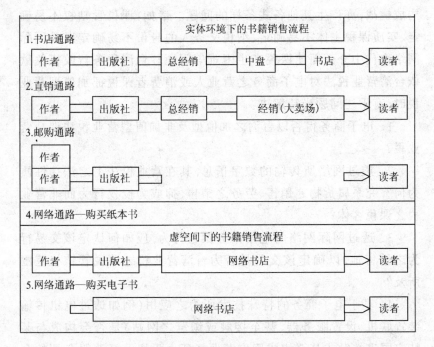

图 2-3

资料来源：韩明中：《网络书店的市场机会与经营策略》，第12—48页。

子商务中介商消逝的企业价值链下，台湾的税务机关在课征加值型营业税时，便可能须向消费者直接为之⑬。如果购买的是纸本书，即可以用海关代征营业税的方式，向消费者收取营业税。但是，如果消费者是向亚马逊网络书店购买电子书时，由于在网际网络上直接下载即可，完全无须经由海关等进出口的程序，因此无法利用海关代征营业税的机制向消费者收取营业税。所以要正确地掌握到线上交易的营业资料、营业人与消费者的身份，成功地收取营业税，为当前税捐稽征上的一大挑战。

第三项 电子商务课征加值型营业税之难题

由前述的说明可知，电子商务的交易不但对传统的租税的原则

---

⑬ 同上注，第14、17、23页。

构成挑战,亦产生其他各式各样的问题。诸如:课税管辖权不易确定、实质课税主体不易确定、纳税义务人的身份不易确定以及网际网络取代中介商而使课税产生困难等问题。台湾税务行政机关欲依台湾营业税法对电子商务之营业人或消费者课税征加值型营业税时,有下述问题尚待解决:

1. 电子商务得否以台湾之加值型及非加值型营业税法课征营业税?

2. 透过网络所传输的数字信息,其在营业税法上之法律性质为何?究系属货物之销售、劳务之销售、抑或为授权行为而非营业税之课税客体?

3. 透过网际网络的电子商务销售行为,应如何认定该交易行为之销售地,以确定该交易是否为台湾营业税之课税管辖权范围所及?

4. 基于电子商务的特殊技术所为之应用(例如透过电讯传输装置联机、设置服务器、甚至接触或浏览之网站)是否会构成与某特定国家接触或甚至构成固定营业场所之设置?经营服务器的台湾业者会不会成为纳税义务人或者成为外国电子商务营业人在台湾之代理人?

5. 在租税行政上,随着中介商的消逝,税务机关如何依营业税法征收应纳之税捐?

第三章　美国、欧盟及OECD对电子商务课征加值税议题之处理

比较法上，美国、欧盟及OECD对于电子商务课税问题有深入的探讨，然因税法之名称有所出入，容易使人以为其为不同之税法。与台湾营业税相近之税赋，在美国是零售税、在欧盟是加值税、在OECD则是消费税。由于OECD 27个会员国中，除美国及加拿大未采加值税制度之外，其余的25个会员国现行的营业税均为加值税。由于世界各国使用加值税者占绝大多数，故笔者选用"加值税"之词作为本章章名，先予叙明。以下分别就美国、欧盟及OECD的税制及当前针对电子商务课征加值税之处理加以说明。

第一节　美　　国

第一项　美国零售税[12]（retail tax）之建制

第一款　概说

零售税在美国是地方税之一，联邦税赋中并无零售税制度。由于美国为联邦政府体制，各州具有独立的主权，因此各州自己得以决定自己之税制，毋庸联邦政府代为统一规定[13]，如零售税之开征与否、税基及税率等均属各州之主权。零售税美国州政府及地方政府最重要的收入来源，目前美国各州的零售税税收约占全部收入的50%至60%[14]。因此，州及地方政府依赖零售税的程度，正如

---

[12]　笔者原用销售税（sales tax）一语，口试时，经口试委员张教授盛和指正。查美国之制度，销售税是较大的分类，凡零售税、货物税等均属之，故其范围并不明确，用语上应以"零售税"之较佳，吾人从之。

[13]　《十九国营业税制度》，《国际经济资料丛书》，1950年版，第7辑，第2页。

[14]　李慧雯：《美国地方租税制度之研究暨对台湾之建议》，台湾大学会计学研究所硕士论文，1996年，第64页。

同联邦政府依赖所得税的情形相同[135]。

美国的零售税制度始于 1930 年代经济大恐慌时代[136],截至目前为止,50 个州中,除了德拉瓦州(Delaware)、蒙大拿州(Montana)、奥瑞冈州(Oregon)、新罕布什尔州(New Hampshire)及阿拉斯加州(Alaska)5 个州未实施零售税以外[137],已有 45 个州对财货与劳务之制造、使用或消费开征零售税。

虽然各州与地方政府采用若干不同类型的征税方式,但一般而言,零售税可分为下列四种:(1) 一般零售税(general sale tax);(2) 特种零售税(special sale tax)又称特种税(excise tax);(3) 使用税(use tax);(4) 总收入税(gross receipt tax)[138]。一般零售税为最常见的零售税,而使用税则为零售税之辅助税[139]。由于电子商务引发之租税议题主要是与一般零售税及使用税有关,故以下仅介绍美国各州一般零售税及使用税的制度[140]。

第二款 一般零售税

第一目 课税范围

一般零售税乃对得于税课管辖区内,所有经营有形动产或提供应税劳务之出售者课征之税赋。美国各州之零售税往往仅对产销过程之最后零售阶段课税[141],故属于单阶段零售税[142]。而其课税范围通常包括消费品、休闲及娱乐活动之入场费、旅馆及饭店等公共住宿之费用、水电费及电话费、飞机及铁路等商业运输之费用,以

---

[135] 《十九国营业税制度》,同上注[133]书,第 8 页。

[136] "经济部"商业司,《法规障碍研究报告》,第 17 页,可下载自 http://www.ec.org.tw/bpr/doc/Law_Barrier.doc 搜寻日期,2001/11/20。

[137] 单佩玲:《电子商务消费税议题(上)》,《实用税务》2000 年第 4 期,第 59 页,注②。

[138] 李慧雯:前揭注[134]文,第 64 页。

[139] 单佩玲:前揭注[137]文,第 50 页。

[140] "特种零售税"系针对特定项目的销售课征税赋,如含酒精之饮料、香烟及发动机燃料,尤其是有关奢侈品零售税(luxury tax)之课征。"总收入税"乃对于全部收入所课征之税赋,通常为定期性地对企业之总收入课征税赋,如对保险公司之收入所课征之税赋。请参见,李慧雯:前揭注[134]文,第 64、71—73、75—76 页。

[141] 同上注,第 66 页。

[142] 零售税有对货物产销各阶段课税者,称为多阶段零售税(Multiple-stage Sales Taxes),有对货物产销某一阶段课税者,称为单阶段零售税(Single-stage Sales Taxes)。张明德及王金和联合执笔,《台湾与美国对电子商务课征营业税比较》(上),《税务旬刊》,第 1751 期。

及某些特定情况下有形动产之租金。

除了对零售阶段课税外，有些州亦对中间或批发阶段之交易行为课税。虽然早期零售税着重的是对营业特权之课税，亦即对出售者所课之税，但后来零售税俨然成为对购买者课征的一种交易税。出售者仅执行税收及缴纳予政府的功能，一般零售税的经济负担，最终均透过提高应税商品或劳务价格之方式转嫁予各购买者[13]。

第二目 纳税义务人

各的州法令对于出售者的法定义务大致上可分成三类[14]：

一、出售者权利税(privilege tax on the seller)

开征零售税的州，有13个州[15]之税法规定以"出售者"为纳税义务人，此乃因出售者具有零售商之营业特权，故对其课征税赋，以出售者之总收入为税额计算标准。某些州于法令中提及，可将应纳税款转嫁予消费者，但仍由出售者负担该税赋之课征义务。

二、购买者交易税(transaction on the buyer)

有17个州[16]的税法规定以"购买者"为纳税义务人，而由出售者在零售阶段时，向消费者征收零售税，以销售价格为衡量税赋的基准。出售者仅负责代征本税并缴纳予州政府。

三、混合税(hybrid tax)

有15个州[17]及华盛顿特区(Washington D. C.)之零售税兼具出售者权利税与购买者交易税的特质。开征此类零售税的州政府，通常由法院决定偏向何种特性的税赋。大多数较偏特权税之

---

[13] 李慧雯：前揭注[13]文，第66页。

[14] 同上注，第68页。

[15] 亚利桑纳州、加利福尼亚州、康涅狄格州、夏威夷州、肯德基州、密西根州、内华达州、新墨西哥州、北达科他州、南卡罗来纳州、南达科他州、田纳西州及威斯康星州等13州，See M. David Gelfand and Peter W. Salsich, Jr., State and Local Taxation and Finance, pp. 50, Nutshell Series of West Publishing Company, (1985).

[16] 爱达荷州、爱荷华州、马里兰州、路易西安那州、密西西比州、密苏里州、内布拉斯加州、纽约州、北卡罗来纳州、俄亥俄州、宾夕法尼亚州、罗得岛州、犹他州、佛蒙特州、华盛顿州、西弗吉尼亚州及怀俄明州等17个州，同上注。

[17] 阿拉巴马州、阿肯色州、科罗拉多州、佛罗里达州、佐治亚州、伊利诺州、印第安纳州、堪萨斯州、缅因州、马萨诸塞州、明尼苏达州、新泽西州、俄克拉荷马州、德克萨克斯州、维吉尼亚州等15个州，同上注。

观点,同时强制规定由出售者向消费者征收税款后,负责缴纳予税捐机关。

第三款 使用税(use tax)

由于美国各州零售税大抵以目的地课税原则,而依消费之发生地为课税之基础[48]。以美国交通之便捷,消费者如果想要逃避本州的零售税,只须往没有开征零售税或零售税税率较低的邻州境内去购买物品即可。各州政府为堵塞这一个漏洞,遂有开征使用税之事,规定没有完纳零售税的交易,于将所购物品带回本州使用时,州政府有权"补征"使用税,以资公平[49]。因此,使用税乃零售税之互补(complementary)及补充(supplementary)税。目的在于避免税课管辖区内之居民为逃避该州或地方之零售税,乃至其他无须课征零售税或零售税税率较低之地区购买动产,而使境内零售税之税基蒙受侵蚀。零售税及使用税彼此互补,在各州形成一完整之税制[50]。

使用税是一种对在州或地方政府管辖范围内使用、消费或储存有形动产的权利所课征之税收。州内零售及购买有形动产与事后之使用,将不会同时课征零售税及使用税。这是因为"销售"(sale)系零售税之成立要件,当销售与事后使用两者完全发生于同一州内时,则免课征使用税,二种税目绝对不会造成重复课税。但销售或使用之部分或全部发生在州外,则州内销售及使用税与他州之销售及使用税可能有重复课税的情形发生。使用税税额之计算乃以零售价为基准课征某一特定之百分比,该百分比通常与零售税之比例相同。若某一特定应税项目已于其他税课管辖区内缴纳过零售税,则可予以扣抵或免予课征本管辖区内之州或地方零售税[51]。为避免重复课税之情形发生,购自州外之货物已于他州课征零售税,则可自本州应纳使用税内扣除或扣抵。随着课征零售税

---

[48] 单佩玲:前揭注[132]文,第51页。
[49] 《国际经济资料丛书》,前揭注[133]书,第2页。
[50] 李慧雯:前揭注[134]文,第66页。
[51] 同上注,第74—75页。

州数之增加,至境外购买以逃避零售税课征之诱因大幅降低[132]。

兹以新泽西州(New Jersey)为例,该州之使用税系对于在该州境内使用之应课税商品或劳务;未课征零售税或税率不及该州零售税税率6%时,乃对其差额课征使用税,如该州的居民向位在免征零售税州之出卖人购买办公设备,再运回该州使用时,由于该出卖人并未在新泽西州办理登记,该州政府无法对此一出卖人课征零售税。此时即可对该居民课征6%的使用税[133]。

第二项 电子商务兴起造成之零售税及使用税问题

第一款 课征新税?

由于电子商务有其特殊的性质,以及适用传统的课税原则及制度可能在课征上造成相当大的挑战与困难。因此,荷兰Maastricht大学的Luc Soete和Karin Kamp两位教授之研究下,提出了针对交互式数字通信课征"位税"(bit tax)的概念。所谓位税,是指根据在网际网络上流通位数量的多少来加以课税,其课税标准由课税客体之价值转为经由网际网络传输的资料流量,且将取代对非实体货物或劳务课征之加值税。其建议采行之理由为,全球经济一体化的结果,削弱了国家强界的概念,而网际网络发展的结果,让非实体货物或劳务交易盛行,也使得对之加值部分课税愈来愈困难,因此,借由此种新税的开征不但能避免税基的流失,更能协助减少信息高速公路阻塞现象,有助于信息的更快速流通[134]。对于位税,其最主要之批评为加重电子商务的负担、对网际网络之提供者与使用者造成歧视,以及不问消费者所传送的讯息是否具有经济意义均予一视同仁地加以课税亦为不公[135]。

美国总统克林顿于1997年发表之《全球电子商务架构》(A

---

[132] 同上注,第75页。
[133] 单佩玲:前揭注[130]文,第51页。
[134] 林其青:前揭注[15]书,第163—165页。
[135] Richard Doernberg and Luc Hinnekens, supra note [74], p.360.

Framework for Global Electronic Commerce)⑤报告中,对于电子商务课征税捐的议题上,提出下列方针:(1)为不妨害电子商务展,课税应保持中立性;(2)课税须简单、透明及易于执行;(3)尽量减少繁杂的账簿记载的要求;(4)该租税制度应符合美国及国际社会之租税体系;(5)商品或劳务经由网际网络传送者,应免征关税。

虽然美国未明白说明反对课征如位税等新税,但是,在该报告中,美国强调只要可行,美国将寻求利用现行之租税概念及原则以达成上开目标之实现。基本上传达了如果要对电子商务课税的话,须以传统的租税架构为之的概念,而对于位税等新兴税赋有否定的意义⑤。

第二款 电子商务跨州交易课征零售税(或使用税)问题
第一目 背景

美国系一联邦国家,联邦政府的权力与州政府的权力间的划分在美国宪法上为一重大议题。在租税权的归属上,因为直接影响到各州的财政收入,因此冲突相当频繁。主要涉及的议题与美国联邦《宪法》第1条第8项第3款的商业条款(Commerce Clause)及增补条文第14条第1项的正当法律程序条款(Due Process of Law)。

联邦《宪法》第1条第8项第3款之规定为:"国会有权规定美国……各州间……之通商。"⑤长期以来,联邦最高法院均认定本条款乃授予国会规范跨州交易的权力,同时并以此条款限制各州对于商业管理之权力,其主要目的在于禁止各州利用租税课征等行为,对跨州交易构成阻碍。

联邦《宪法》增补条文第14条第1项之正当法律程序条款之规定为:"任何州,如未经适当法律程序,均不得剥夺任何人的生命、

---

⑤ President William J. Clinton, Vice President Albert Gore, Jr., A Framework For Global Electronic Commerce, 1997, 7, 1. available at http://www.iift.nist.gov/eleccomm/eccmm.htm.

⑤ 克林顿的用语是:Wherever feasible, we should look to existing taxation concepts and principles to achieve these goals. 既然说明现有的税赋,即表示否定新税。

⑤ "The Congress shall have power to regulate commerce...among the several States..." 中文译文,请参阅,傅昆成等:《美国联邦宪法逐条释义》,第189页。

自由或财产。"⑲ 正当法律程序条款下之管辖权限主要可由下列三方面说起:(1)限制联邦或各州在其管辖范围内对人民关于行政、立法及司法三方面的作为;(2)限制联邦或各州在其管辖范围内对财产有关之行政、立法及司法三方面的作为;(3)对管辖范围内人民或财产之行政、立法及司法之行为需具合理性。本条款之目的,乃在规范政府各机关行使权力之际,不得以专断、任意、不合理之方式,以达成任务,此三者即为推断是否符合"正当法律程序"准绳。

正当法律程序条款在租税课征方面的适用,系指允许对租税之课征客体,合理地加以分类并有所差异,但禁止任意的分类以及对各类别的纳税义务人有歧视性之待遇。关于跨州交易,联邦最高法院对于各州得否对该交易课征零售税及使用税,所采行的判断标准为:(1)应课税之活动是否与拥有课税权之州有最小接触(minimum contact);(2)该应税活动之进行需与课征此税之州所授予或提供之机会、利益或保护有关⑳。

在网际网络兴起前,美国跨州交易课征零售税及使用税最具争议性的问题即为邮购销售。由于邮购公司与购买邮购产品之人往往不在同一州的辖区,使得各州得否自行立法要求州外的邮购公司代为收缴使用税的义务,成为争执的重心。美国相关文献在探讨电子商务是否得课征零售税及使用税的议题时,莫不将之与邮购相比拟,因此吾人须先就美国联邦最高法院之邮购判决加以说明。

第二目 联邦最高法院两则邮购判决之分析

一、National Bellas Hess, Inc. v. Department of Revenue of the State of Illinois(1967)㉑

(一)案例事实

本案原告为伊利诺州国税局(Department of Revenue of the

---

⑲ "...nor shall any State deprive any person of life, liberty, or property, without due process of law...",同上注,第225页。
⑳ 李慧雯:前揭注㉔文,第43页。
㉑ 386 U.S. 753 (1967).

State of Illinois)。被告为名为 National Bellas Hess 的邮购公司。该公司成立于德拉瓦州(Delaware),其主要营业地系在密苏里州(Missouri)。在伊利诺州无任何的营业地、代理人或代表人来销售、传送货物、接受订单、收受款项或对其销售之货物提供服务。无任何动产或不动产等有形资产在该州。在伊利诺州无电话表,也没有在新闻、告示板、广播或电视上为其商品做宣传广告。所有商品的订购单都是直接寄到密苏里州的工厂,其所有的商品都是借由邮局(mail)或私人运送者(common carrier, 如 FedEx 或 UPS 等)送至消费者家中。每年寄二次邮购目录给伊利诺州的消费者。依照伊利诺州法规,所有的零售商(retailer)均须向购买者代为征收使用税并向该州缴交之(collect and pay use taxes)。而该邮购公司并未遵守这项规定,因此伊利诺州国税局对之课以处罚,并向法院主张追回过去 15 个月其应收缴的使用税。伊利诺州循回上诉法院及伊利诺州最高法院均判原告胜诉。被告不服,认为该法违反联邦《宪法》第 1 条第 8 项第 3 款的商业条款及增补条文第 14 条的正当法律程序条款,而向联邦最高法院提起上诉。

(二) 法院判决

联邦最高法院驳回伊利诺州要求该邮购公司须负责使用税收缴义务的主张。由 Stewart 大法官主笔的最高法院多数意见书认为,使用税收缴义务的要求,只有在一邮购公司在伊利诺州有物理上出现(physical presence)时,其主张方为正当,因为在这种情形中,该州清楚地给予州外销售者保护与服务[82]。当在伊利诺州中只有使用邮件或私人运送与消费者联系时,并不足以构成物理上出现。从而,伊利诺州对该邮购公司不能主张使用税的收缴义务[83]。此外,多数意见中虽提到商业条款及正当法律程序条款要求课税连接,但并未区分两者的要求程度或内容上的不同[84]。

然而,在 Fortas 大法官主笔的不同意见书中,则表达了完全不

---

[82] Id. at 757.
[83] Id. at 758.
[84] Richard Doernberg and Luc Hinnekens, supra note [74], p.284.

同的思考方式。他认为,这种大规模的、有系统的、持续地招揽(solicit)以及开发伊利诺州消费市场的行为,无疑地已足以构成要求 Bellas Hess 公司向伊利诺州代为收缴使用税的联结[15]。

二、Quill Corp. v. North Dakota 一案(1992)[16]

(一) 案例事实

北达科他州规定,凡购买之财产(property)欲在该州内储存、使用或消费时,均应缴纳使用税(use tax)。在这项规定之下,所有在州内有营业据点之零售商均须负责向消费者收取使用税并缴纳给该州。"在州内有营业据点之零售商"一词,1987年法律规定为"凡在一州的消费市场中,有规律或有系统地招揽客户者。"[17]北达科他州的施行细则(Regulation)[18] 认为"凡在12个月之中曾有三次以上之广告者"即该当"有规律或有系统地招揽客户者"之要件。

本案原告为北达科他州州政府,被告为 Quill 公司。Quill 公司为一从事邮购业务之公司,设立于德拉瓦州,同时在伊利诺、加利福尼亚及佐治亚等三州,设有办公中心及仓储设备,但在北达科他州,该公司却没有任何的办公中心、仓储设备,也没有员工在该州工作或居住。然而,Quill 公司在北达科他州一年的邮购营业额几近一百万美元,有近三千个消费客户。Quill 公司促销的方法是邮寄型录(catalog)及广告传单(flyer)给该州的居民,而在消费者订货后,自州外利用邮局寄送或私人运送服务业者(common carrier)将商品送至州内消费者手中。

由于 Quill 公司拒绝代北达科他州州政府,向消费者收取使用税,是以北达科他州州政府,向地区法院(district court)提起诉讼,要求 Quill 公司缴纳自 1987 年起的应纳税金、利息及罚金。Quill 公司不服,主张北达科他州之使用税法违反联邦《宪法》第1条第8

---

[15] National Bellas Hess Inc., 386 U.S., at 762.
[16] 504 U.S. 298 (1992).
[17] 原文为:"every person who engaged in regular or systematic solicitation of a customer market in the state."
[18] 李彬山氏将"Regulation"译为施行细则,本文从之。请参阅《美国租税制度概述》(上),第15页,《税务旬刊》1984年9月第1180期。

项第 3 款之商业条款及增补条款第 14 条的正当法律程序条款。

州地区法院，认为该州与 Quill 邮购公司并未有足够的课税连接(nexus)，因而判定北达科他州州政府败诉。北达科他州最高法院则持完全不同之看法，认为(1) 不论是商务条款或是正当法律程序条款，均未要求"物理上出现"(physical-presence) 作为该州对州外零售商合法执行州权利之先决条件。(2) 该邮购公司之所以能在该州有经济上出现(economic presence)，实是借助该州所提供的服务与利益所致。比如说该州已建立一个助长邮购商品的经济环境；该州努力维持一个合法的、保护市场的基础及每年处理由邮购产生的 24 吨的固体废弃物。因此，该州与 Quill 邮购公司间已有合宪性的足够关联标准，可正当化加诸于该公司收缴使用税的义务。

(二) 法院判决

联邦最高法院判决废弃北达克他州最高法院之判决，并将之发回重新审理。最高法院法官全体一致认为正当法律程序条款所要求之课税连接标准与商业条款所要求的课税连接标准，两者非但目的不同，课税连接标准亦各异。正当法律程序条款关心的是政府活动基本的公平性，而商业条款则关心州管制对国家经济的影响[169]。正当法律程序条款所要求之课税连接标准为"最小接触"(minimum contacts)，而商业条款所要求者则为"实质上课税连接"(substantial nexus)。并且认为 Quill 公司利用大量地寄送型录、传单、在期刊及贸易杂志中刊登广告和利用电话与现在的客户联络的行为，为有意地将其活动针对州内的居民，并且由于对逐税赋的课予与该纳税人透过课税州的市场所获得的利润间有合理的关联，已满足正当法律程序条款的最小接触之要求[170]。

但是，联邦最高法亦表示，纵使符合正当法律程序条款的最小接触要求，北达科他州得否课予 Quill 公司收缴使用税的义务仍须视其是否符合商业条款的实质课税连接原则。这一部分，联邦最高法院法官意见分歧。由 Stevens 大法官主笔的多数意见书认为在

---

[169] Quill, 504 U.S. at 312.
[170] Id., at 307—308.

商业条款要求的要求下,该须符合:
(1)应课征税赋之活动与具课税权之州有实质上课税连接
(2)该税赋乃经公平适当之分配
(3)该税赋并不歧视跨州交易
(4)该税赋与该州所提供之服务具有相当之关联⑰

第2点及第3点的目的在于禁止任何对于跨州交易有不公平分配之税赋;第1点与第4点的目的在于限制州的课税权以确保州税不会对于跨州交易造成过度之负担。因此,"实质上课税连接"毋宁是限制各州对于跨州交易负担的手段⑱。而应如何认定有无"实质上课税连接"?多数意见认为,Bellas Hess案所建立之物理上出现标准,为一明确界线(bright-line)。虽有缺点,但借由此规则可以牢牢地建立州课予收缴零售税及使用税义务的正当权力的边界,并且可以减少相关的诉讼⑲。因此,多数意见认为北达科他州以 Quill 公司与该州居民以邮件或私人运送业者寄送型录及广告传单或使用内含 Quill 公司计算机软件之软盘片,满足物理上出现之要件而附加其收缴使用税义务的见解,无所立据⑳。最后,法院并认为,依商业条款,最终的决定权仍在于国会,不论我们如何评价各州的零售税或使用税对于跨州交易造成的负担,国会均可不受拘束,并可决定对于州际邮购公司课予收缴使用税之义务,对于跨州交易是否及何时造成负担,以及造成多大程度之负担㉑。

Scalia 大法官主笔的协同意见书,就上开见解认同,但是并不同意多数意见重新审视 Bellas Hess 乙案的优缺点,而是认为本案的情形与 Bellas Hess 乙案完全相同,应有判决先例拘束原则(stare de-

---

⑰ Quill, 504 U.S. at 311。原文为 tax (1) is applied to an activity with a substantial nexus with the taxing state; (2) is fairly apportioned; (3) does not discriminate against interstate commerce; and (4) is fairly related to the service provided by the State. 此为 Complete Auto Trasit. Inc v. Brandy, 430 US 274(1977)一案所发展出的四项检验标准,本案援用之。

⑱ Quill, 504 U.S. at 313.

⑲ Id., at 315.

⑳ Ibid, footnote 8; See also Richard Doernberg and Luc Hinnekens, Electronic Commerce and International Taxation, pp.287, published by Kluwer Law International, (1999).

㉑ Quill, 504 U.S. at 318.

cisis)的适用。

White 大法官主笔的不同意见书则由经济观点立论。他认为多数意见之所以紧抓着物理上出现的标准不放,并非是基于任何公平的理性或是任何与商业条款中所蕴含的原则有关的经济上论据,而单纯地出于有一个明确界线的假设上的便利[116]。但是,在这个购买者可以利用传真、电话及计算机联机来下单,出卖人不需要离开他的营业地也可以透过陆、海、空等各式各样的运送服务来运送货物的时代,物理上出现这个原则已经落伍了。因为公司设在州外而直接在该州市场从事商业活动者,自该州获得了非常多的利益。比如说该州有健全的金融机构以维持信用交易;该州亦有法院以确保出卖人自消费者收取买卖价金;该州有一套处理邮购产生之大量废弃物的方法;同时该州亦执行消费者保护法,为出卖人创造良好的消费环境[117]。因此,由经济上观点而言,上述的情形,应已使得该州与该公司取得足够的课税连接。因此,Bellas Hess 乙案的物理上出现标准,不应再予维持[118]。

三、上述两则判决对跨州交易课征零售税(或使用税)之影响

联邦最高法院于 National Bellas Hess 案中所提出的物理上出现此一判断标准,于 Quill 案所肯认。任何州欲对于在该州境内无任何物理上出现,只利用邮寄或快递等方式交付商品之州外邮购公司要课征使用税的收缴义务时,虽然可能符合正当法律程序的课税之要件,但至少会违反联邦《宪法》第 1 条第 8 项第 3 款的商业条款之课税连接的要求。因此,在国会未做成任何决定前,各州对于州外之邮购公司的任何课征使用税收缴义务的立法,均为违宪。

四、邮购判决建立之课税连接是否适用于电子商务

电子商务的交易特征与邮购相近,都是属于远距交易,出卖人不需要至从事商业活动的州去设立营业据点,也不需在该州有员工或营业代理人,一切透过网际网络传输即可完成。美国是采行

---

[116] Quill, 504 U.S. at 329.
[117] Id., at 328.
[118] Id., at 333.

普通法(common law)的国家,当一个最高法院的判决做成后,凡是与该判决事实相同的案件,均受该判决先例效力的拘束。当一个州外的公司与该州的居民完成交易,透过网际网络下载某一电子书或计算机软件时,该州可否课予该州外的营业人使用的收缴义务?是否会受到联邦最高法院邮购判决的效力的拘束?

若就前开两个邮购判决观之,从事电子商务之州外营业人,如果在消费者所在之州,没有任何的办公中心、仓储设备,没有员工在该州工作或居住,也没有任何的服务器设置在消费者所在之州,而用邮寄或私人运送者方式交付消费者所购买的实体商品与承载于有体物之数字商品,用网际网络传输数字商品时,因为在该州没有任何的物理上出现,如果该州课予该州外营业人使用税的收缴义务时,应属违宪。

然而有许多美国学者持相反见解。如 Hellerstein 氏认为联邦最高法院在该判决中以邮购为中心,不断地在谈零售税与使用税上的"物理上出现"的标准,所以 Quill 案应只能被解读为,联邦最高法院试图在邮购事业上去建立一个"物理上出现"这样一个明确的标准。因此,对于其他类似的商业行为零售税之课征上,不能适用 Quill 案的见解,而应采用法院现在比较喜爱的具有弹性的平衡分析法(flexible balancing analyses)[76]。

此外,Christopher 氏由比较邮购与电子商务的交易方式之差异性,来论证 Quill 案在邮购上确立的原则不能适用于电子商务。氏认为两者至少有下列三点不同。首先,两者的销售的媒介不同。邮购是以邮件或私人运送者作为递送型录或促销资料的方式,但是电子商务却是利用电缆(cable)或电话线及调制解调器(modem)来传送信息资料(informational material)。两者都是跨边界的信息传送,但是与邮件或私人运送相较,电缆、电话线或者是调制解调器等设备可是较为永久且较有可能为该州所维持。而电话线或调制解调器应能符合正当法律程序条款"该州清楚地给予州外销售

---

[76] Hellerstein, State Taxation of Electronic Commerce, Tax L. Rev. 转引注自 Richard Doernberg and Luc Hinnekens, supra note [74], p.287, footnote 594.

者保护与服务"的要求⑱。

其次,两者传送的速度不同。邮购交易的成立与处理是取决于邮件服务。购买者必须填写好窗体,将之以邮寄的方式寄回给销售人。这个交易可能要耗费数日以及跨越数州。相反的,电子商务则不然。虽然可能会透过邮寄或私人运送者来送货,但是其与消费者契约的成立(seal)是在买方按下鼠标键时,立即成立。由于买卖合意的事实完全发生在买方的州内,并没任何"跨州"交易产生⑲。既非为跨州交易,自不为前开邮购判决之效力所及。

最后,两者的性质不同。此一相异点系着眼于网际网络的本质。当邮购业者必须直接将其销售的物品送到特定的州或课税辖区时,一般而言,电子商务业者可以借由架设网站轻易地在网际网络的方式与每一个人接触。在直观上,因为该邮购业者深入该课税辖区中且意欲在该课税辖区为商业交易,所以特定的课税辖区应可对该邮购业者加以课税,但是这样的想法未必可适用于电子商务业者,因为电子商务的营业人不一定想要在某个特定的课税辖区中来销售他的商品。更值得争论的是,只要任何一个课税区内的居民可以浏览他所架设的网站或是从透过该网站订购商品,可能会使得每一个课税辖区都要对他主张使用税的收缴义务。这样的做法会造成涵盖过广、不适当及不公平的结果⑳。

虽有反对意见,但是美国国会在网际网络免税法(ITFA)中还是支持 Quill 案的课税连接标准于电子商务仍有适用。而且美国国会依 Quill 案联邦最高法院的判决,对于跨州交易有最终的决定权,因此可谓美国国会已决定物理上出现此一课税连接,于电子商务亦应予以适用。

第三款 数字商品定性的问题

目前美国联邦最高法院并未对数字化商品之性质表示过意见。目前只有几个州法院对于计算机软件的性质加以讨论。前已论

---

⑱ Christopher J. Schafer, *Federal Legislation Regarding Taxation of Internet Sales Transactions*, 16 Berkeley Tech. L. J., 2001, p.420.

⑲ Id., at 421.

⑳ Id., at 422.

及,大多数的州在零售税及使用税的课征上,均以有形动产及劳务为课征对象。因此,计算机软件的性质的认定与该州是否能主张零售税的课征有密不可分的关联。而因为计算机软件是第一个也是主要的数字商品,所以关于计算机软件性质的讨论,未来应在各种数字商品性质的认定上占有举足轻重的地位。虽然这些州法院的判决不能代表美国所有各州以及联邦最高法院的态度,但其对于计算机软件性质的认定,却甚具启发性。

第一目 早期见解——计算机软件为无形个人财产(intangible personal property),非为州零售税或使用税课税对象

一、District of Columbia v. Universal Computer Association (1972)[18]

本案认为计算机软件非当事人 District of Columbia 所称属个人财产税课征的有形财产。法院认为,真正保留于计算机硬件中的是借由计算机读取磁卡所获取的信息。Universal Computer Association 利用的是不断地重复地被机器所驱动的信息。信息是留在机器内的一种"无形知识",很难认定为有形财产。相对而言,有形磁带或磁卡仅是此项知识惟一可见的证据,即使有形磁带或磁卡遭毁损灭失,但仍不妨碍保留在计算机内的知识,借由计算机的运作而执行它原先被设定的功能。因而就使用税或财产税而言,软件是无形财产。

二、Commerce Union Bank v. Tidwell(1976)[19]

本案为田纳西州最高法院审理之案件。法院认为 Commerce Union Bank 所订购的软件,非为有形个人财产,不得征收州使用税。法院判决指出,当信息(information)由磁带经复制并传输至计算机硬件上,此磁带对于使用者已不具任何价值。信息本身并非完整性且其仅是单纯纯载于磁带内,不能达到其原先设计的目的。唯有当信息被转换或是复制到计算机硬件,成为计算机可读取的语言,硬件的执行才能发挥此信息原先设计的功能。

---

[18] 151 US App. DC 30, 465 F2d 615(1972).
[19] 538 SW2d 405 (Tenn. 1976).

信息被转换并传入计算机,真正储存于计算机内的是无形的智能知识。使用者购买磁带,主要是为了获取附着于有形媒介(磁带)上的信息,使用的权利,而非有形媒介。因此,该计算机软件非为有形个人财产,不得课予州使用税。

三、Alabama v. Central Computer Service Inc. (1977)[189]

本案当事人阿拉巴马州认为,磁带和磁卡是计算机软件的主要部分(integrate part),也是必要存在的部分。而磁带和磁卡是有形物,所以 Central Computer Service 公司所购之计算机软件应是应税的有形个人财产。阿拉巴马州强调计算机软件载于有形媒介,进而认定计算机软件具有形特性的论点,为法院所否认。法院认为,实体的磁带或磁卡并非传送信息时不可或缺的媒介,况且信息亦可储存于人的心智内,而达到同样传送效果。法院仍然认为计算机软件是一种无形知识,非有形个人财产。

第二目 晚近见解——计算机软件为有形个人财产(tangible personal property),为州零售税或使用税之课征对象

1994 年美国路易斯安那州最高法院在 South Central Bell Telephone Co. v. Barthelemy(1994)[190]一案中,有与以往不同的重大见解产生。法院认为计算机软件的性质是有形个人财产。

本案的争点为 South Central Bell Telephone 为其公司内部电话线运作总机的计算机系统向外所订购的计算机软件,其交付方式为透过网际网络传输时,是否属于有形个人财产而须课征零售税。该公司依据前开法院判决的见解,主张计算机软件只是智能,而非属于该州零售税及使用税课征对象之个人有形财产。

法院将该公司此项声明驳回。综观法院判决的内容,可归纳成下列二点。首先,法院否定计算机软件仅仅是智能的概念,而认为该计算机软件须要储存于磁带或硬盘等实体的媒介物之内,占据了该媒介物的实质空间,所以是具有实体存在性(physical existence)。同时此实体形式的存在是可被人类所察觉的。况且,人类

---

[189] 349 So.2d 1160 (Ala. 1977).
[190] Louisiana Supreme Court, No. 94-0499 (La.10/17/94), 637 So.2d 451.

要察觉计算机软件的存在必须借由机器辅助,如同书本、电影或声音须依附在有体的媒介物上,本身不能独立于储存的媒介物之外,故符合有形财产的定义。

其次,法院认为,计算机软件的交付方式,不应改变该软件的性质。不论是先将计算机软件储存于承载之有形物上(如软盘或光盘)再寄送给消费者,或者是直将将该计算机软件透过数字化的传输方式交付予消费者,两者的性质均应相同,为有形个人财产[185],故须缴交使用税。

第三项 美国目前对电子商务课征零售税之态度

第一款 网络免税法(Internet Tax Freedom Act, ITFA)[186]

第一目 背景

在联邦政府尚未表示意见前,各州对于电子商务,特别是利用当书籍、影音商品或计算机软件,借由网际网络下载以为履行时,是否课征零售税或使用税的态度不同[189]。有认为下载软件与信息应予免税[190],有认为要课税[191],亦有认为下载软件应课税,但是下载信息不课税[192],也有规定凡是商业行为之下载均属应税范围,而个人使用则属免税[193],亦有规定原则上免税,但若使用人取得手册或备份则仍应课税[194]。为避免对于电子商务各州各行其是,各自规定不同的税赋,影响电子商务的发展,网际网络免税法应运而生,自

---

[185] 但也并非全部的承审法官均同意上开见解,法官 Watson 即于本案的不同意见书中,表示全然相反的见解。

[186] 公布生效于 1998 年 10 月 21 日。

[189] 黄茂荣:前揭注[38]文,第 29 页,注[25]。

[190] 如 Arkansas, California, Florida, Georgia, Maryland, Massachusetts, Missouri, Nevada, New Jersey, North Carolina, Rhode Island, South Carolina, Vermont, Virginia, Wisconsin, Wyoming 等 16 个州。

[191] 如 Alabama, Arizona, Colorado, Connecticut, D. C., Idaho, Iowa, Louisiana, Maine, Mississippi, Nebraska, New Mexico, New York, South Dakota, Texas, Utah, Washington, West Virginia 等 17 个州。

[192] 如 Illinois, Indiana, Kansas, Michigan, Minnesota, North Dakota, Pennsylvania, Tennessee 等 8 个州。

[193] 如 Ohio 州。

[194] 如 Okalahoma 州。上述各州规定,系引自冯震宇:前揭注[9]文,第 59 页。

1998年起,至2001年止,冻结对电子商务课税权3年[195]。

第二目　内容说明[196]

可以分成"冻结课征某些赋税"(moratorium on certain taxes)、"不再扩增新兴课税权力"(no expansion of tax authority)、"筹组临时委员会以研究电子商务之课税"(temporary commission to study taxation of electronic commerce)、"不课征联邦网际网络税"(no federal internet taxes)等四个主要部分加以说明[197]。

一、赋税冻结课征(moratorium on certain taxes)

各州及其所属之行政部门均不得于自1998年10月1日起及本法生效后3年内……对于电子商务为多重或歧视性课税(第1101条第(a)项第(2)款规定)。以下就多重课税及歧视性课税分别说明之。

(一)多重课税之冻结

第1104条第(6)项对"多重课税"之意义为一明确规定。该项第(A)款规定:"所谓'多重课税',乃指同一电子商务或实质上相同之电子商务,已由一州或其所属之行政部门课征某一税赋,同时为另一州或其行政部门课征另一税赋(不论是否为相同税基或税率),而无发给已于另一课税辖区缴纳税赋之凭据(零售免税证)者。"[198]

---

[195] 虽然该法原则上禁止对电子商务课税,但是对于各州国际网络联机服务(Internet access services)的课税,则有例外排除适用免税的规定。依该法第1101条(a)(1)及(d)之规定,若各州或其所属之行政部门已由适当之行政机关,制定规则公告之方式给予网际网络联机服务提供者合理之机会得知该行政机关已说明及适用此等税赋于网际网络联机服务,或各州及其所属行政部门已普遍地就网际网络联机征收税赋时,则不适用本法之冻结课征规定。

[196] 关于网际网络免税法的说明,主要参照 Section-By-Section Analysis of The Internet Tax Freedom Act 一文, available at http://www.house.gov/chriscox/nettax/lawsum1.html,搜寻日期:2002/2/15。

[197] 除上述规定外,该法亦于第1202及1203条建议联邦政府积极与欧盟及世界贸易组织合作以确保电子商务免征关税及免受租税歧视待视遇。林其青;前揭注[15]书,第148页。

[198] 原文为:The term "multiple tax" means any tax that is imposed by one State or political subdivision thereof on the same or essentially the same electronic commerce that is also subject to another tax imposed by another State of political subdivision thereof (whether or not at the same rate or on the bsame basis), without a credit (for example, resale exemption certificate) for taxes paid in other jurisdictions.

本条规定之目的在于强化联邦最高法院对于多重课税所提供的保护措施。在 Goldberg v. Sweet[199]案中,联邦最高法院限制了两个州对于同一服务课税的能力。即跨州电话必须源自及终至于主张课税之州,而账单必须送至州内住处时,该州方得对之课税。这案件适用于电子商务时格外重要。网际网络分布式分封交换[200]的结构(decentralized packet-switched architecture)使得网际网络传输几乎一定会跨过数个课税辖区。甚且,因为负责用来传送网际网络服务的科技为数甚多,使得交易的每一个层面都可能会被课不同的税赋。比如说资料的传送(transmission of data)和资料本身(data itself)基本上并非相同。因此,第1104条第(6)项第(A)款才会明白清楚地将"本质上相同"之电子商务的概念加入,目的就在将资料的传送与资料的课税视为同一种税赋,以避免对于实质上相同但就科技层面不同的交易均予课税而形成多重课税。最后,若再加上网际网络便于移动的特质(portable nature),将使得其无力抵抗多重课税的威胁。

然而,第1104条第(6)项第(B)款规定:"但由州及一个或数个以上所属之行政部门,就同一电子商务课征之零售税或使用税,不在此限。对经营亦可能为零售税或使用税课税范围之电子商务者所课征之税赋,亦同。"[201]这是因为零售税及使用税之课税权,属于各州的制度。因此,纵然在ITFA的规制下,各州对于电子商务课征零售税及使用税之权力,不受多重课税禁止条款之影响。

(二) 歧视性课税之冻结

所谓歧视性税赋,依第1104条第(2)项第(A)款第(i)目规定,

---

[199] 488 U.S. 252 1989)。

[200] 分封交换(Packet-Switched)就是将资料(data)分装成许多独立的封包,再将这些封包一个一个传送出去,形式上类似寄包裹,请参阅 http://www.google.com/search? q = cache:http%3a%2f%2fwww.linkwan.com%2fbig5%2fbroadtech%2fgprs%2fgprs1.htm + packet-switched&hl = zh-TW&lr = lang_zh-TW。搜寻日期,2002/3/16。

[201] 原文为:(B) Exception.—Such term shall not include a sales or use tax imposed by a State and 1 or more political subdivisions thereof on the same electronic commerce or a tax on persons engaged in electronic commerce which also may have been subject to a sales or use tax thereon.

乃指任何由州或其所属之行政部门对于以电子商务方式"完成财产、货物、劳务、信息或近似于财产、货物、劳务、信息之交易课税，而未对以其他方式完成之交易，普遍课征及合法收取之税赋。"[202]例如，若某一州规定有店面的零售书商向消费者收取零售税并缴给该州，但未对透过电话或邮购型录完成相同交易的销售者同样的收缴零售税义务，则该州将不得对全部或一部透过网际网络完成之交易的销售者课征收缴零售税义务。

其次，如果某项税赋之课税对象仅为网际网络交易，而未对其他任何相似的、离线（off-line）交易课征相同税赋时，该项税赋即为歧视性之税赋。财产、劳务、货物或信息不必相同（identical），只须近似（similar）即可。其目的在于将离线交易的非电子产品与必须透过网际网络交易的电子产品，均列入规范对象。

最后，任何专对网际网络独有的财产、货物、劳务及信息课税，亦会被认为具有歧视性。这是因为没有任何其他非网际网络的财产、货物、劳务及信息与之相仿，同时为该州所普遍课征的缘故。第1104条第（2）项第（A）款第（ii）目[203]将前述之歧视性税赋的概念扩张，纵然对电子商务及所有以其他方法完成的交易课征相同税赋，但若其税率不同时，亦符合歧视性的定义。

1. 禁止就网络独有之财产、货物、劳务或信息课税

将上述第1104条第（2）项第（A）款第（i）及（ii）目合并观之，凡在网际网络上交换或仅能在网际网络上利用的财产、货物、劳务或信息，在冻结期间内均受本法之保护而不能对之课税。所以，电子邮件或网际网络搜寻服务（Internet search services）均不能对之课税。

---

[202] 原文为：any tax imposed by a State or political subdivision thereof on electronic commerce that—(i) is not generally imposed and legally collectible by such State or such political subdivision on transactions involving similar property, goods, services, or information accomplished through other means.

[203] 原文为：(ii) is not generally imposed and legally collectible at the same rate by such State or such political subdivision on transactions involving similar property, goods, services, or information accomplished through other means, unless the rate is lower as part of a phase-out of the tax over not more than a 5-year period.

2. 不新增收缴义务

第1104条第(2)项第(A)款第(iii)目认为,若对于电子商务"与以其他方式完成之财产、货物、劳务、信息或近似于财产、货物、劳务、信息之交易,不同之人或权利主体收缴税赋之义务"[204]时,则该税赋具歧视性。换言之,如果某项税赋不论对离线交易或电子商务均规定由出卖人负担收缴义务时,该项税赋即不具歧视性。同时本条规定亦排除了对于网际网络交易课予出卖人及买受人以外之人为税赋收缴义务人之可能。兹举一例说明之,若某一税赋规定税捐收缴及报告义务人为网际网络服务提供者、电话公司、银行、信用卡公司及金融中介业者等拥有消费者账单地址者,该项税赋为歧视性。因为并未对于这些人或权利主体于电话、邮购或零售销售时课征相同的义务。

3. 不新增课税连接

第1104条第(2)项第(B)款第(i)及(ii)目规定:任何州或其所属之行政部门,"除于1998年10月1日前已普遍课征且实际生效之税赋外,将得进入远距销售人州外计算机服务器之能力视为决定是否课征远距销售者收缴税捐之义务之惟一要件";(ii)"仅因下列原因,将网际网络进入服务或线上服务提供者视为远距销售人之代理人,课予收缴税赋之义务时:(Ⅰ)网际网络进入服务或线上服务提供者,于其州外计算机服务器上展示远距销售者之信息或内容,或(Ⅱ)交易处理程序透过网际网络进入服务或线上服务提供者州外计算机服务器"[205],时,该税赋为歧视性。

---

[204] 原文为:(iii) imposes an obligation to collect or pay the tax on a different person or entity than in the case of transactions involving similar property, goods, services, or information accomplished through other means.

[205] 原文为:any tax imposed by a State or political subdivision thereof, if—

(i) except with respect to a tax (on Internet access) that was generally imposed and actually enforced prior to October 1, 1998, the sole ability to access a site on a remote seller's out-of-State computer server is considered a factor in determining a remote seller's tax collection obligation; or

(ii) a provider of Internet access service or online services is deemed to be the agent of a remote seller for determining tax collection obligations solely as a result of—

(Ⅰ) the display of a remote seller's information or content on the out-of-State computer server of a provider of Internet access service or online services; or

(Ⅱ) the processing of orders through the out-of-State computer server of a provider of Internet access service or online services.

本条之规定旨在禁止州和地方政府,以网际网络之运用(Internet-based contact)作为决定州外商业是否与该课税辖区有实质上课税连接(substantial nexus)之要素。其目的为强化 Quill 案对于跨州交易所提供之保障(透过物理上出现此一明确界线以决定是否满足实质上课税连接的要件),继续适用于电子商务。

本法之基本立场为,只有依靠 Quill 案中联邦最高法院所明示之物理上出现此一明确界线作为州主张实质上课税连接的要件时,电子商务方能有所发展。是本法以明白而坚决的口吻宣告,任何州或地方政府推动积极课税连接理论之努力,均为无效。此一结果应可减少许多诉讼,而这不论对州政府、地方政府、纳税义务人和法院都是一大利多。

第1104条第(2)项第(B)款第(i)目定义"歧视性税赋"的目的在于明确表明国会的意见,即在网际网络上拥有一个地址(site),并不能构成物理上出现。因此,不能视远距销售者是否利用州内服务器维持一个地址,以决定是否构成课税连接。

第1104条第(2)项第(B)款第(ii)目定义"歧视性税赋"的目的在于禁止州或其所属的行政部门认定网际网络服务提供者为远距销售人之代理人。网际网络服务提供者,常常只是于网际网络上展示远距销售者之信息或者维持或更新远距销售者的网页。即使网际网络服务提供者,于州内计算机服务器上同时提供上开服务及其他辅助性服务(如网页设计或账户处理系统),该提供者仍不应属于税法上代理人的概念。

(三) 小结

综上所述,本法只有禁止州或地方对于网际网络课予歧视性税赋,而非全面禁止所有对于电子商务零售税及使用税的课征。然而州和地方的对电子商务课税的前提为,该税赋应与对传统交易——如邮购或电话业务——所课征的相似。例如,依宪法规定,对于从事传统交易不能课征零售税或使用税的州外销售者,于从事网际网络交易时,亦会受到同等保护。传统上,只有在销售者与该州有充分连接时,该州方能就跨州交易课税,因此,即使该项交易须课零售税或使用税,销售者若与该课税辖区没有任何课税连接,则将不负有任何收取及转交该项税赋的义务[206]。

二、不再扩增新兴课税权力(no expansion of tax authority)

第1204条规定:"任何人于本法生效前已存在之收缴税赋之义务,不因本法而扩增。"[207]本条旨在清楚说明本法并不扩张既存判决先例或美国联邦宪法商业条款中对于"实质上课税连接"的定义。而是排除所有可能对现有跨州交易课税标准的影响、促使公平分配跨州交易所得之税收、使该项税赋能与课税州所提供之服务有相当关联以及不对跨州交易造成歧视性结果。换言之,本条的真正目的是,纵使该项州或地方税赋不因本法而失效,但是若另外造成对州际交易或对外交易过重负担时,亦将无效。

三、筹组临时委员会以研究电子商务之课税(temporary commission to study taxation of electronic commerce)

第1102条对于委员会的组织、成员、规则、任务及存续期间规定。要求该委员会针对电子商务是否应予课税,以及如果应予课税的话,又应采取何种方式来确保该税赋,非为特别针对网际网络的歧视性税赋及造成多重课税的问题等议题进行研究,并须于该法生效后18个月内向国会提出报告[208]。

四、不课征联邦网际网络税(no federal internet taxes)

第1201条规定:"对于网际网络及网际网络服务提供者,于1101条(a)项所规定之冻结期间内,国会不得制定类似之新联邦税。"[209]本条之目的在于确保联邦政府遵守这项冻结课税的规定。然而,亦有认为本条规定实属赘文,盖联邦政府目前根本没有对于网际网络服务及电子商务课税。例如,联邦根本就没有零售税制

---

[206] Jae K. Shim, Anique A. Qureshi, Joel G. Siegel, Roberta M., *The International Handbook of Electronic Commerce*, pp.238, American Managent Association (2000).

[207] 原文为:Nothing in this title shall be construed to expand the duty of any person to collect or pay taxes beyond that which existed immediately before the date of the enactment of this Act.

[208] Section 1102(e)及Section 1102(g). http://www.house.gov/chriscox/nettax/lawsums.html,搜寻日期,2002/2/15。

[209] 原文为:It is the sense of Congress that no new Federal taxes similar to the taxes described in section 1101(a) should be enacted with respect to the Internet and Internet access during the moratorium provided in such section.

度,而且联邦政府也决定不适用课征电信服务业者税率3%的特种税于网际网络信息服务。

第二款　电子商务咨询委员会报告[21]（Advisory Commission on Electronic Commerce, ACEC）

委员会于2000年4月提出报告,针对网际网络的课征销售暨使用税问题,委员会建议如下：

第一目　延长网络免税法免税年限

就网际网络免税法对于网际网络交易免税的规定给予五年的展延,继续禁止就数字商品与相关货物的交易课征歧视性税赋（discriminatory tax）,因为该法案自公布施行到目前为止,整体环境并无任何大幅度的变化,而且国会需要更多的时间来进行研究,并解决对网际网络交易课税可能导致的重复课税问题,且再次的展延将使电子商务的发展免于遭遇因租税结构造成的障碍。

第二目　修正固定营业场所的定义

经营电子商务的企业如具有下列各项特征者,应认为该企业与该特征相连接的地方政府,不具有销售暨使用税法上的课税连接（nexus）,亦即不负有销售暨使用税法上申报与缴纳税捐的义务：

（1）企业使用网际网络服务提供者（ISP）所提供的服务,从事线上销售行为者,虽然该网际网络服务提供者在某一州设有实体上的固定营业场所,但企业不应视为亦等同该网际网络服务提供者一样,在该州设有固定营业场所。

（2）企业将其销售的相关数字资料,置放在位于某一州境内的网际网络服务器（server）,不应视为企业在该网际网络服务器所在之该州,设有固定营业场所。

（3）企业使用通讯服务提供者（Telecommunication Service Provider）所提供的服务,从事线上销售行为者,虽然该通讯服务提供者在某一州设有实体上的固定营业场所,但企业不应视为亦等同该通讯服务提供者一样,在该州设有固定营业场所。

---

[21] Advisory Committee on Electronic Commerce, Report to Congress, available at http://www.ecommercecommission.org/report.htm.

（4）企业所使用的非实体财产（Intangible property）的使用地与登记地，不应视为该企业的固定营业场所。

第三目 联邦与州政府协力制订统一的销售暨使用税法

鼓励州政府与地方政府参加全国统一法典会议（National Conference of Commissioners on Uniform State Laws, UCCUSL）制订简化、统一的州政府与地方政府的销售暨使用税法，以平衡提供远程交易与未提供远程交易销售人间的课税成本。

第四目 数字商品课税政策上可采取之政策

委员会认为将实体资产（physical assets）销售转换成数字商品的销售并不改变其商品销售的本质，因此原则上不应给予租税优惠，应与实体商品的销售同一对待，但实际课征时，则将限于课税资料如何掌握的困难。因此委员会建议课税政策上可采取下列三种政策之一：

（1）保留各州与地方政府对于数字商品课征等同于实体商品的租税自主权。由各州与地方政府自行决定针对数字商品的交易是否课征租税。

（2）建议应先删除各州与地方政府对电子商务中数字商品课征销售/使用税的权限。此项建议的其他考量重于租税利益本身，但基于租税中立的原则，此项建议应伴随其他租税措施，对相同的实体商品给予免税的对待。由于确认数字商品的交易主体与所在位置上的困难度，使得在没有消费者主动提供租税资料的情况下，几乎不可能课征该项税收。

（3）对数字商品课征中央或联邦性的零售税，之后再以公式将收益分配到各州。此种作法将使数字商品与实体商品具有相同的租税待遇，也解决了无法确认交易发生地点的问题。

第五目 国际货物与劳务税的课征

基于电子商务的发展，货物与劳务的销售行为必然会有跨国界、跨区域的交易行为发生，为求避免重复课税或免税的情形，美国政府应致力与国际会议合作，达成跨国际货物与劳务税课征的一致性，因应承认OECD作为统合国际电子商务课税协议的领导者，确认OECD所通过的电子商务课税原则，并支持OECD继续作为形成国际课税共识的适当机构；美国政府亦应继续在 OECD 发挥适当努力，协助其形成前述课税问题的国际共识。

第三款　网络平等课税法（Internet Tax Non-Discrimination Act, ITNDA）

由于网际网络免税法的三年冻结期间即将届至，为防免全国各州及地方政府于该法失效后，对于网际网络服务或电子商务的买卖双方，课征离线交易所不课的歧视性税赋或多重课税[⑪]。所以众议院于 2001 年 10 月 16 日通过网际网络平等课税法，将现在的冻结课税的期间，再延长二年[⑫]，参议院并于同年 11 月 15 日通过[⑬]，而总统于 11 月 28 日公布[⑭]。

依据新法，美国对于网际网络课税的冻结期间，将延展至 2003 年 11 月 1 日。在此期间之内，禁止所有对于网际网络的多重课税或歧视性税赋。此外国会并重申(1) 电子商务及网际网络服务不课征联邦税赋，及(2) 美国应积极地透过欧盟及世界贸易组织，使各国能达成对电子商务不课征关税及歧视性税赋的决心[⑮]。

第二节　欧　　盟

第一项　欧盟加值税之发展沿革

加值税本来是法国在 1954 年当作一般消费税（consumption tax）而实施，后来因比欧洲各国所实施的交易税或营业税更具优

---

⑪ http://www.house.gov/chriscox/press/releases/2001/1010indafull.htm，搜寻日期 2002/2/14。

⑫ http://www.house.gov/chriscox/press/releases/2001/1016indapassage.htm，搜寻日期 2002/2/14。众议院原先的提案为永久不课税，但在院会时遭 336 对 90 票封杀。而后采取国会电子商务咨询委员会的建议，将冻结期间延长为 5 年，至 2006 年 10 月，而白宫方面认为 5 年太长。最后折衷的结果是再延长 2 年。http://www.house.gov/chriscox/press/coverage/2000/USATodayINDA.htm，搜寻日期，2002/2/14。

⑬ http://www.house.gov/chriscox/press/releases/2001/1115indasenate.htm，搜寻日期 2002/2/14。

⑭ http://www.house.gov/chriscox/press/releases/2001/1128indasign.htm，搜寻日期 2002/2/14。

⑮ http://www.house.gov/chriscox/press/releases/2001/hr1552.htm，搜寻日期，2002/2/14。

点，在 1958 年 1 月 1 日起成立之欧洲经济共同体(European Economic Community, EEC)，继关税同盟，废除区内关税障碍，对外适用共同关税率，并采行共同农业政策后，于 1964 年决定采用"加值税"制度，作为区内共同之一般消费税。1967 年订立加值型营业税第一号指令，要求各会员国应于 1970 年 1 月 1 日前采用加值税。其中法国、荷兰、联邦德国、卢森堡及比利时，都在规定期间内采行加值税，而意大利则自 1973 年 1 月 1 日起实施。丹麦、瑞典、挪威等也继上开 6 国后相继采行加值税。而英国也于 1973 年加入欧洲共体市场，并自同年四月起采行加值税[216]。虽然各国均采用加值税，但是在许多细部规定上，各国均不尽相同。于是在 1977 年 EEC 通过了《加值型营业税第六号指令》(Sixth Directive)，再将各国所实施的加值税更进一步地统整。目前，欧盟各国在加值税制度上大致相同，仅在税率或某些课税要件上有所差异而已。

第二项 欧盟加值税内容分析

第一款 课征范围

《加值型营业税第六号指令》[217]第 2 条规定加值税的课征范围包括：(1) 纳税义务人(taxable person)于欧盟各国境内所为之货物或劳务的提供(the supply of goods ad services)以及(2) 进口货物(the importation of goods)[218]。

由此可知，加值税的课税范围包含二项课税要件：一为课税主体必须是税法规定之纳税义务人所为之交易行为，方能对其行使课税权。其次，在客体方面，必须由纳税义务人所提供之货物与劳务根据不同之交易种类适用不同的税率。另外，在一国课税辖区

---

[216] 泉 美之松：《租税之基本知识》，蔡宗羲译，1984 年版，第 301 页。

[217] Sixth Council Directive 77/388/EEC of 17 May 1977 on the harmonization of the laws of the Member States relating to turnover taxes—Common system of value added tax: uniform basis of assessment, available at http://europa.eu.int/eur-lex/en/lif/dat/1977/en-377L0388.htm.

[218] Article 2:
The following shall be subject to value added tax: (1) the supply of goods or services effected for consideration within the territory of the country by a taxable person acting as such;
(2) the importation of goods.

内之纳税义务人或非纳税义务人(non-taxable private person)在欧盟境内(intra-Community)进行跨国交易而购买之货物或进口之货物,亦属加值税的课税范畴[219]。

第二款　纳税义务人

依第4条第1项及第2项,系指于欧盟境内独立从事制造、买卖或提供劳务之经济活动者[220]。

第三款　货物与劳务之提供的定义

加值税的课税对象,依本指令可分为货物之提供(supply of goods)与劳务之提供(supply of services)。第5条第1项将"货物之提供"定义为所有权人移转处分其有形财产(tangible property),第2项则规定,视为"有形财产"者,如电流(electronic current)、气体(gas)、热能(heat)、冷能(refrigeration)及其他相类似者[221]。第6条第1项将"劳务之提供"定义为凡不构成第五条货物之提供的交易者均属之[222]。简言之,欧盟在加值税上以定义提供货物、不定义提供劳务,而以"提供货物"以外者均属劳务的范围的方式,勾勒出其泾渭分明的课税方式。

第四款　货物之进口

进口货物,依第7条规定,系指不论由私人或企业为之,凡货物

---

[219] 单佩玲:前揭注[137]文,第55页。

[220] Article 4

(1) "Taxable person" shall mean any person who independently carries out in any place any economic activity specified in paragraph 2, whatever the purpose or results of that activity.

(2) The economic activities referred to in paragraph 1 shall comprise all activities of producers, traders and persons supplying services including mining and agricultural activities and activities of the professions.

[221] Article 5 Supply of goods

(1) "Supply of goods" shall mean the transfer of the right to dispose of tangible property as owner.

(2) Electric current, gas, heat, refrigeration and the like shall be considered tangible property.

[222] Article 6

Supply of services

(1) "Supply of services" shall mean any transaction which does not constitute a supply of goods within the meaning of Article 5.

由第三国进入欧盟境内者属之[22]。自 1993 年 1 月 1 日起,"由他会员国进口货物"已修正为"于欧盟境内取得货物"(intra-Community acquisitions of goods),"对他会员国出口货物"也修正为"于欧盟境内之销售"(intra-Community supplies)。是以,新的税制虽仍依据目的地原则来决定消费地,但是已不再以国境作为认定的标准。

第五款 课税权归属

欧洲各国的跨国交易相当频繁,因此对于跨国交易课税权的划分就显得格外重要。欧盟《加值型第六号指令》以应税交易地(place of taxable transactions)作为决定各国是否拥有对于该交易课税权的判断标准。由于货物与劳务各有其不同的特色,因此,欧盟在规范应税交易地时,亦就货物提供(supply of goods)与劳务提供(supply of services)分别规定于第 8 条及第 9 条。

第一目 货物提供地课税原则

一、一般原则

(一)货物如采分配(dispatch)或运送(transport)方式提供

不论货物分配或运送系由提供人或受货人或是其他第三人为之,该货物之提供地应为该货物分配或运送之起运地。若该货物,无论有无拖运(trail run),而系由提供人或以提供人之名义设置(install)或组装(assemble)时,则货物之提供地应为货物设置地或组装地。若设置或组装系完成于提供人所在之国家以外,各会员国对于进口货物应采取必要措施以避免双重课税[24]。

---

[22] Article 7
"Importation of goods" shall mean the entry of goods into the territory of the country as defined in Article 3. 而第 3 条规定的是欧盟的会员国名单。

[24] Article 8
Supply of goods
The place of supply of goods shall be deemed to be: (a) in the case of goods dispatched or transported either by the supplier or by the person to whom they are supplied or by a third person: the place where the goods are at the time when dispatch or transport to the person to whom they are supplied begins. Where the goods are installed or assembled, with or without a trial run, by or on behalf of the supplier, the place of supply shall be deemed to be the place where the goods are installed or assembled. In cases where the installation or assembly is carried out in a country other than that of the supplier, the Member State into which the goods are imported shall take any necessary steps to avoid double taxation in that State;

所以在货物采分配或运送时,采取的是来源地课税原则,加值税之课税权原则上属于营业人进行货物分配或运送的来源国家[125]。只有在货物要设置组装时才例外属于该货物最后的所在地。

(二) 货物如非采分配或运送方式提供

货物若非采分配或运送方式提供者,货物提供地应为交易发生地[126]。此时系采取目的地课税原则,使加值税的课税权属于货物提供地国家[127]。

二、例外规定

在货物采取远距销售(distance sales of goods)时,须考虑于他会员国国内的销售总值。若低于门槛额时,加值税之课税权则应属货物来源地国[128],反之,若高于门槛额(threshold value)时,则远距销售人,须向货物销售国缴纳加值税[129]。是以,在欧盟境内买受人在本国境内经由邮购、电话购物(teleshoping)或其他方式向其他会员国以远距方式购买商品时,若营业额超过最低限额规定,例外采取目的地原则,加值税课税权归属于购买该商品之买受人所属的会员国[130]。

第二目 劳务提供地课税原则

欧盟认为,跨国之劳务提供的交易,其处理上应与上开有形货物(physical goods)的提供有别。这是因为货物须要经过各国的海关,因此,有关于课税权的归属可以"国境"(border)作为判断标准。但是劳务的提供通常不需要以通过海关为必要,"国境"无法作为课税权归属之判准[131]。因此,对于加值税适用"进口"劳务的课税规

---

[125] 单佩玲:前揭注[130]文,第55页。

[126] Article 8

Supply of goods

(b) in the case of goods not dispatched or transported: the place where the goods are when the supply takes place.

[127] 单佩玲:前揭注[130]文,第55页。

[128] Richard Doernberg and Luc Hinnekens, supra note [74], pp.34—35.

[129] 各会员国有其不同的规定,通常是35000到100000欧元不等。单佩玲:前揭注[130]文,第59页,注[53]。

[130] 同上注,第55页。

[131] Richard Doernberg and Luc Hinnekens, supranote [74], p.35.

定,不能仅依据一般管辖权或关联标准(nexus)的课税观念,而须将应课税劳务提供地(the place of taxable supply)之课税规定,视劳务的种类不同而为不同的规定。同时亦应将买受人的身份及其住所之所在地国家,与劳务提供者设立固定营业场所之所在地所属国一并纳入考量[22]。欧盟《加值税第六号指令》第9条就是在上开的前提下制定的,所以非常的繁杂。

一、一般原则

劳务提供地为提供者之营业地或固定营业场所(fixed establishment);若提供者无营业地或固定营业场所,则劳务提供地为提供者永久住所地(permanent address)或经常住居地(usually resides)(第9条第1项)[23]。因此所谓劳务提供地之一般课税原则,若依劳务提供者于劳务履行地已设立营业机构或固定营业场所者,则由该所在地国家拥有课税;惟不具上述条件时,则以劳务提供者之永久住所或经常住所之所在地国家拥有课税权[24]。

二、例外规定

(一)与不能移动之财产(immovable property)相关之劳务

与不能移动之财产有关之劳务,其提供地应为该财产所在地。包括不动产经纪人或专家所提供的劳务,及因工程准备或协调所提供之劳务,如建筑师之劳务及建筑师事务所于现场(on-site)监工之劳务(第9条第2项a款)[25]。此类劳务均应由该财产所在地国取得课税权。

---

[22] 单佩玲:前揭注[13]文,第55页。

[23] Article 9
Supply of services
(1) The place where a service is supplied shall be deemed to be the place where the supplier has established his business or has a fixed establishment from which the service is supplied or, in the absence of such a place of business or fixed establishment, the place where he has his permanent address or usually resides.

[24] 单佩玲:前揭注[13]文,第55页。

[25] (2) However: (a) the place of the supply of services connected with immovable property, including the services of estate agents and experts, and of services for preparing and coordinating construction works, such as the services of architects and of firms providing on-site supervision, shall be the place where the property is situated;

(二) 运送劳务

运送劳务之提供地,应为运送发生地(第 9 条第 2 项 b 款)[29]。

(三) 与教育、科学及文化有关之劳务

与文化、艺术、运动、科学、教育、娱乐或其他类似活动有关之劳务,其提供地应为劳务实体履行(physically carried out)地。前项活动策划者之活动或适当之辅助劳务之提供,如装卸或搬运等辅助运送活动、有形动产(movable tangible property)的估价及对该有形动产工作等劳务,亦同(第 9 条第 2 项 c 款)[30]。

(四) 租用有形动产

除运送以外,租用位于某会员国之出租人之有形动产,而欲于另一会员国使用该物时,劳务提供地应为该有形动产之使用地(第 9 条第 2 项 d 款)[31]。

(五) 其他规定

第 9 条第 2 项 e 款规定,下列劳务如提供予:(1) 住于欧盟境外之消费者或(2) 提供予欧盟境内(但与劳务提供人分属不同会员国之)纳税义务人时,劳务提供地应以买受人之营业地或固定营业场所,为劳务提供地。若买受人无营业地或固定营业场所,则劳务提供地为该买受人永久住所地(permanent address)或经常住居地(usually resides):

(1) 著作权、专利权、特许权、商标权或其他类似权利之转让

(2) 广告服务

---

[29] (b) the place where transport services are supplied shall be the place where transport takes place.

[30] (c) the place of the supply of services relating to: -cultural, artistic, sporting, scientific, educational, entertainment or similar activities, including the activities of the organizers of such activities, and where appropriate, the supply of ancillary services,
—ancillary transport activities such as loading, unloading, handling and similar activities,
—valuations of movable tangible property,
—work on movable tangible property,
shall be the place where those services are physically carried out;

[31] (d) in the case of hiring out of movable tangible property, with the exception of all forms of transport, which is exported by the lessor from one Member State with a view to its being used in another Member State, the place of supply of the service shall be the place of utilization;

(3) 医师、工程师、顾问服务公司、律师、会计师所提供之劳务或其他类似之劳务。数据处理及信息提供亦同。

(4) 禁止继续进行或执行全部或一部营业活动或本项规定之权利之义务。

(5) 银行、金融、保险(包含再保险)交易。但租用保险箱则不在此限。

(6) 人员之提供

(7) 代理人为完成(e)项规定之劳务时,以本人名义或为本人所为之劳务[29]。

(六) 欧盟境内外劳务提供之规定

为防免双重课税、双重不课税或竞争之扭曲,各会员国对于第9条第2项e款所规定之劳务及租用有形动产时应注意下列情形:

(1) 劳务提供地虽依本条规定属于欧盟境内,但该劳务系于欧盟境外有效使用与享受(effective use and enjoyment)者,该劳务系发生于欧盟境外。

(2) 劳务之提供依本条规定位于欧盟境外,但其系于欧盟境内

---

[29] (e) the place where the following services are supplied when performed for customers established outside the Community or for taxable persons established in the Community but not in the same country as the supplier, shall be the place where the customer has established his business or has a fixed establishment to which the service is supplied or, in the absence of such a place, the place where he has his permanent address or usually resides:

—transfers and assignments of copyrights, patents, licences, trade marks and similar rights,

—advertising services,

—services of consultants, engineers, consultancy bureaux, lawyers, accountants and other similar services, as well as data processing and the supplying of information,

—obligations to refrain from pursuing or exercising, in whole or in part, a business activity or a right referred to in this point (e),

—banking, financial and insurance transactions including reinsurance, with the exception of the hire of safes,

—the supply of staff,

—the services of agents who act in the name and for the account of another, when they procure for their principal the services referred to in this point (e).

有效使用与享受者,该劳务发生于欧盟境内⑳。

这项规定的主要目的在于避免使欧盟境内非营业人之消费者,不选择欧盟境内的劳务提供人,而选择欧盟境外,不需要负担加值税的国外营业人,而对欧盟境内的企业造成不公平竞争。因此,位于欧盟境外的劳务提供者,依此规定可能须要在欧盟为加值税的税籍登记,向欧盟的消费者收取欧盟的加值税㉑。

三、小结

综上,劳务提供地之课税原则,大抵而言可以分为下列两项准则:

(1)营业所在地(the place of establishment)或固定营业场所(the place of the fixed establishment)课税原则

即依劳务种类之不同,以决定适用所在地(即劳务提供者或劳务买受人)或固定营业场所(即劳务来源地或劳务提供地)课税原则。如纳税义务人未设立营业场所或固定营业场所,则依永久住所或经常居住所以决定其课税管辖权。

(2)劳务履行地课税原则

所谓劳务履行地系指无论劳务提供者或买受人所在地设在何处,均依劳务提供地或使用地之所属课税管辖权以决定其课税权㉒。

第六款 税率与免税规定

第一目 税率

欧盟《加值型营业税第六号指令》并未要求各国采取相同税

---

⑳ 3. In order to avoid double taxation, non-taxation or the distortion of competition the Member States may, with regard to the supply of services referred to in 2 (e) and the hiring out of movable tangible property consider: (a) the place of supply of services, which under this Article would be situated within the territory of the country, as being situated outside the Community where the effective use and enjoyment of the services take place outside the Community;

(b) the place of supply of services, which under this Article would be situated outside the Community, as being within the territory of the country where the effective use and enjoyment of the services take place within the territory of the country.

㉑ See Richard Doernberg and Luc Hinnekens, Electronic Commerce and International Taxation, p.37, (1999).

㉒ 单佩玲:前揭注⑬文,第56页。

率,因而各国均拥有自主决定税率的权利。目前各国的加值税税率如下：

表 3-1

会员国	税率
比利时	21%
丹麦	25%
德国	16%
希腊	18%
西班牙	16%
法国	19.6%
爱尔兰	21%
意大利	20%
卢森堡	15%
荷兰	19%
奥地利	20%
葡萄牙	17%
芬兰	22%
瑞典	25%
英国	17.5%

参考资料:林其青:《电子商务:租税与规划》,第 123 页。

欧盟指令也允许各国采取复式税率。亦即除了标准税率外,各国也可以规定减免税率。但是减免税率只能适用于欧盟加值型第六号指令附录 H 的某些特定的货物和劳务。包含书籍、报纸、期刊(纯粹广告用的不在此限)、作家或作曲家的劳务、表演入场费及广播服务等[23]。也有些会员国将食物、医药等一些基本民生必需品列为非税项目,不课征加值税。欧盟执委会也明白指出,欧盟各会员国间采行不同税率的最大风险在于可能造成欧盟境内市场竞争上的不利益。未来,欧盟执委会计划提出一个统一的标准税率,并容许各国有上下 2% 的调整[24]。

第二目 免税规定

加值税的免税(exemption)依其进项税额(input tax)之能否抵

---

[23] 如英国对书籍及报纸不课税,而德国对之只课征 7% 的加值税。
[24] Richard Doernberg and Luc Hinnekens, supra note [74], p.40.

扣，可分为二种。一为一般免税（normal exemption），另一为完全免税（full exemption，又称零税率 zero-rate）[245]。所谓一般免税，指仅免除某一特定产销阶段销售上的税赋，其以前各产销阶段累阶的税赋不予退还。所以此类免税项目只有某产销阶段免税的权利，而不享有进项税赋扣抵的权利[246]。完全免税，此即加值税制度中所称之零税率。此种完全免税之行为，不仅交易发生时免征其税赋，其以前各产销阶段所累积之税赋亦得退还，效果等于以零税率课征于此类免税之行为[247]。此类免税只适用于出口及与出口有关之业务，也就是说凡经营出口业务者，其销售之税赋为零，并享有进项税额扣抵（output tax）的权利[248]。

欧盟之加值税亦区分上开两种情形分别规定免税事项。各会员国的免税事项只限于第6号指令上所规定者。一般免税事项规定于第13条，通常为公共利益有关的劳务提供，如邮局服务、医疗服务。这些免税事项不生加值税进项税额扣抵的权利。至于完全免税则规定于第13及第14条。第13条是欧盟各国对欧盟以外的国家出口时免税规定，而第14条则规定欧盟境内各会员国间彼此进出口的免税规定[249]。

第三项　电子商务发展在欧盟造成课征加值税争议

电子商务包含使用信息和通讯科技以履行各种的货物与劳务的交易。因为电子方式的使用，电子商务的形态包括制造和销售有形动产以及劳务。零售商和邮购公司传统上销售及交付实体货物和有形劳务的方式可能转而使用此一新兴的媒介以广告商品及扩展市场。消费者可以利用电子方式来选择、订购商品以及付款。这种方式的商业活动通常称做"间接电子商务"（indirect electronic

---

[245] 陈守信编撰：《财税参考资料：如何采行营业加值税》，"财政部"财税人员训练所编印1975年版，第13页。

[246] 徐育珠编撰：《财税参考资料：营业加值税新解》，"财政部"财税人员训练所编印1974年版，第39页。

[247] 陈守信编撰：前揭注[245]书，第12页。

[248] 徐育珠编撰：前揭注[246]书，第38页。

[249] Richard Doernberg and Luc Hinnekens, supra note [74], pp.40—41.

commerce)。另一种数字化形式的货物或劳务,可以直接透过网际网络加以取得。这些活动通常称作为"直接电子商务"(direct electronic commerce)。不论是音乐、电影、报纸、软件、书籍、建议等均可以数字方式的形态销售。消费者只要用下载的方式就可以轻轻松松的将这些货物或劳务放到他的个人计算机上[29]。这些数字方式销售的商品,对于电子商务此一新兴的交易形态,是否课征新税(如位税)?还是现有加值税传统规范,即足以因应电子商务带来新的交易方式,产生的重大的疑问。

其次,即便是认为传统的加值税规范即可处理,对于网际网络产生的活动,到底是应将之区分为货物还是劳务,在实际的适用上也会引发相当多的问题。在加值税制度下,货物与劳务的课税规范有许多不同的地方。诸如是否为课税权的归属(货物与劳务的供应地规定不同,不同的劳务又有不同的规定)、适用的税率(零税率可能适用于纸本书而不及于电子书)以及对加值税的征收方式等。以下分别就是否课征新税、交易类别与课税原则之确定、判断劳务履行地及所属课税权归属等加以分析。

第一款 是否课征新税

欧盟执委会于 1997 年 4 月所发表之"欧洲电子商务倡议"(A European Initiative in Electronic Commerce)中认为现行的加值税税制应能适用于数字化商品与劳务上,并基于下述五点理由反对位税等新税之课征:

(1) 位税将会造成重复课税

由于许多国家都对通讯服务课税(如对电话费与上网拨接费课征加值税),因此若再依据网际网络所传输的位数课税,有导致双重课税之嫌。

(2) 位税无法解决电子商务所造成的课税问题

位税无法解决如何追查实际交易与课税管辖权冲突等问题,而这些问题却可借由其化方式,例如线上数据库、通讯网路之加值服务与财务金融交易信息交换加以解决。此外,传统商品与劳务之

---

[29] Id., p.245.

提供都必须依规定课征加值税,并定期向税捐机关申报,因此电子商务交易亦应遵循此一原则,不必再另行课征位税。

(3) 对实质上所传输之位数难以计算与执行

欧盟执委会指出传输之位数不易计算,并可能用压缩或加密的方式加以回避,因此计算传输位数所需的成本可能高于所收取的位税税收。

(4) 位税将不可避免的会导致无效率的扭曲

由于部分数字化商品与劳务,其使用效能及品质与一般有形商品有所差异,所以对于社会之价值亦有所不同。故位税之课征减少此类商品的消费,将对于整个经济体系产生效率之损失。

(5) 竞争力的考量

欧盟执委会指出,在电子商务的发展上,欧洲已经远远落在美国之后,若再对网络传输课税,将不利与美国业者竞争[50]。

第二款 数字化商品系货物抑或劳务?

同一个内容的商品,可能有实体商品、数字化商品承载于有体物及数字化商品透过网际网络传输三种形式。比如说,同一内容的书,可能有纸本书、承载于光盘片上的电子书及单纯为数字化资料的电子书三种形式。纸本书及承载于光盘的电子书,为具有形体之物可以于书店购买,也可以透过邮购及快递等方式取得,属于货物之销售,固无问题。然而若是单纯为数字化资料的电子书,因为不具形体,当销售者向营业人购买该电子书并透过网际网络下载时,究属货物之提供或劳务之提供,产生疑义。如果对于同一内容之商品,却为不同之分类时,可能造成下述的问题。

第一目 分类不同可能造成的问题

一、不同分类可能产生适用不同的税率的问题

前已论及,欧盟各国大多会采取复式税率。即对于书籍、报纸、医药等民生必需品给予较低的税率,避免课征高额加值税造成人民生计困难。但是数字化商品诞生后,产生了销售上可能适用

---

[50] EC Commission (1997), "A European Initiative in Electronic Commerce", available at http://www.ispo.cec.be/Ecommerce/initiat.htm.

不同税率的问题。举例而言,德国对于纸本印制的书籍之营业税税率为7%,但是若是同一本书以电子书的形式从事销售,并透过网际网络下载时,由于电子书不需要纸张,不符合实体纸本书的定义,从而将可能会被归类为劳务而不能适用较低的7%的税率,反应适用较高的16%标准税率㉒。对于读者而言,纸本书与电子书的实质效用相同,但是所适用的税率却可能天壤之别。

二、因不同的交付方式而分属不同之种类是否适当的问题

对于数字商品是否应区别不同的交付方式而做不同对待,也会是分类所引发的适用一致性争论的原因。论者认为,货物形式之转变,应与其基本性质是否产生变化有密切关联,而非仅以其储存或交付方式的差异,来做为认定货物形式的判准。

因为在欧盟,法律意见或广告咨询等劳务的提供,通常不以提供的形式来区别其销售类别。不论是传统的面对面的方式,还是透过电话或网际网络,都属于销售劳务而加以课加值税。但是交付的方式的不同在计算机软件、新闻、书籍、影音著作时便可能具有决定性的影响,比如说,因为计算机软件、电子书、电子报、音乐或电影在方过网际网络传输时,因为没有实体的形体,也不为拟制为货物之能源,因此,可能会被归类为劳务之提供;但是若同样的内容承载于光盘等有体物在市场销售时,便会被归类为货物之提供㉓。换言之,交付的方式无涉于法律意见及广告咨询被定性为劳务提供之法律性质,然而在数字化商品时,交付的方式便成为区别在货物与劳务提供上,举足轻重的判断标准。

三、欧盟各国间对于透过网络传输之数字商品是否课征加值税意见不一的问题

数字商品造成的争议,不只是一国适用的税率或分类可能不同,而且欧盟各国间对于同类交付方式是否课税也有不同的意见。举例而言,法国对于计算机软件加值税的课征的基本立场是,不论是在市面上购买的软件包或者是透过网际网络传输到个人的家用

㉒ 黄茂荣:前揭注㉘文,第18页,注㉔;第20页,注㉘。
㉓ Richard Doernberg and Luc Hinnekens, supra note ㉔, pp.248—249.

计算机上，均应课征加值税。而英国则认为该计算机软件若透过网际网络传输至英国消费者时，非加值税之课征对象[64]。

第二目　法律性质

有论者指出，应该将在所有网际网络上所为之交易均视为货物的交易。其理由在于《欧盟加值税第六号指令》第 5 条第 2 项明白规定，电流（electricity current）及其他相类似者，应视为有形财产，而为货物之提供[65]。但是这样的见解也遭到其他学者批评为其纯粹由法条文义出发、流于概念化以及不具有执行之价值[66]。

另有学者认为将实体商品、数字化商品承载于有体物及数字化商品透过网际网络传输三种形式，做不同之分类，可能有违反中立性原则及量能原则的可能。因为对于消费者而言，该纸本书或电子书带给他的经济效用是相同的。如果因为交付方式不同而课予有不同税率的税赋，可能违反中立性原则及量能原则[67]。比如说德国的 IFA Branch Comments 认为真正应值得注意的是：这些产品的所展现出的智能内容（intellectual content）是否相同。亦即，消费者在购书、CD、激光视盘等商品时，重视的并不是用什么方式取得或该商品有无形体，而是重视它们的智能内容和创意的型式。所以，就租税中立性原则的角度而言，对于电子书的课税，应同于一本纸本书[68]。

然而，欧盟执委会在 1998 年发布之"电子商务与间接税"（E-

---

[64]　Id., p.247.

[65]　Houtzager & Tinholt, E-Commerce and VAT, in CAUGHT IN THE WEB: THE TAX AND LEGAL IMPLICATIONS OF ELECTRONIC COMMERCE 99, Fed-Fiscale actualiteiten32；转引注自 Richard Doernberg and Luc Hinnekens, supra note [74], p.247, footnote 536.

[66]　Id., p.246.

[67]　对于购买者而言，其所认识之销售客体同为数字信息，至于其储存媒体的类型或该媒体是否由自己提供，基本上不是购买者介意的交易条件。换言之，由购买者自网际网络下载或由销售者储存于磁盘等有体物上，除在具体情形或有取得之方便性的考题以外，自该数字信息所能提的经济效用观之，对购买者并无差异。因此，不管如何将之定性，原则上不应影响到其加值税义务的有无或大小，以维护加值税对于竞争的中立性。由于纸本书与电子书的经济效用无异，而其应适用的税率却如此有 7% 至 16% 的悬殊差距，有违反量能课税原则及税捐中立原则之虞。请参阅，黄茂荣，前揭注[33]文，第 20 页。

[68]　See Richard Doernberg and Luc Hinnekens, supra note [74], p.354.

Commerce and Indirect Taxation)报告中认为,就加值税的课征角度而言,电子传输的数字商品应与一般有形的商品销售有所区别,以电子方式传输者应视为劳务的提供。此外,并提出统一指导方针(uniform guideline):"凡透过电子网络(electronic network),以数字的型式,将一个产品置于接收者支配的供给行为,应被认为属于加值税下的劳务之供给……某产品,在其有形的形态下,属于加值税下的货物,而在当其以电子方式传送时,则属于加值税下的劳务。"[29]

第三款 课税权归属问题

欧盟何国取得加值税之课税权,系源诸于该货物或劳务之提供地于何处,而提供地的判断标准,不仅因货物与劳务有所不同,即性质上属于劳务者,亦因不同之劳务而有不同的提供地判断标准。对于跨地交易是否课征加值税,也是依提供地位于欧盟境内或境外而有所不同,甚为复杂。

虽然透过网际网络传输数字商品被归类为劳务之提供,但是,由于原先这一套加值税对于劳务提供地的判断标准,是对于传统劳务销售方式所拟定的,在适用于电子商务的新兴销售形态时,不免产生问题。

首先,欧盟指令第9条第2项c款第1目规定之与文化、艺术、运动、科学、教育、娱乐或其他类似活动有关之劳务,当其以电子方式交付时,提供地的认定会产生问题。当这些劳务在传统的环境下履行时,通常接受与提供该劳务的双方会在相当邻近的实体场所,因而符合该条规定,"其提供地应为劳务实体履行(physically carried out)地"之规定,在认定该项劳务的提供地时,较无问题。然而,若该劳务系以电子方式为之,则交付给消费者的方式可能有根本性的改变。比如说电视频道的订购或收费的运动新闻广播,透

---

[29] 原文为:A supply that results in a product being placed at the disposal of the recipient in digital form via an electronic network is to be treated for VAT purposes as a supply of services... Products that, in their tangible form, are treated for VAT purposes as goods are treated as services when they are delivered by electronic means. *See* Richard Doernberg and Luc Hinnekens, supra note [74], p. 250.

过网络已经发展得非常广及，消费者可以在家享受这些劳务，透过网络加以付费，劳务的买受人与提供人不需于相当邻近的实体场所即可完成该劳务之履行，使得实体履行地之规定，形成空转。

其次，因为电子商务所发展出来的新型态的劳务，在跨地交易时也会造成提供地认定上的问题。以计算机软件为例，若该计算机软件系由美国的计算机公司销售，欧盟境内的消费者向之购买，而透过网际网络下载时，依欧盟指令性质上为劳务之提供。欧盟指令第9条第2项e款原有特别规定，对于某些劳务在欧盟境内营业人销售给境外消费者，以及欧盟境内某国营业人销售给他国之消费者时方有适用。换言之，欧盟境外之营业人销售予欧盟境内之消费者时，则无第9条第2项e款规定之适用，从而回归到第9条第1项之原则规定。

第9条第1项之原则规定："劳务提供地为提供者履行劳务之营业地或固定营业场所；若提供者无营业地或固定营业场所，则劳务提供地为提供者永久住所地或经常住居地。"由于该美国计算机公司只要透过网际网络即可完成计算机软件之交付，因此，在欧盟境内不会设有营业地或固定营业场所，而其永久住所地或经常住居地是美国，亦位于欧盟境外，因此造成该美国计算机公司透过网际网络传输数字商品予欧盟境内之消费者时，不需缴纳加值税。反之，欧盟境内的营业人则须要课征加值税。电子商务适用欧盟指令第9条的结果，造成了有利于欧盟境外营业人销售，不利欧盟境内营业人销售的竞争扭曲(distortions of competition)。

第三项　欧盟对电子商务课征加值税问题响应——欧盟加值税第六号指令修正案[⑳]

由于电子商务的兴起，引发在欧盟各国在加值税课征上的许多

---

⑳ 以下之说明，系参阅 Commission Proposal for a Council Directive amending Directive 77/338/EEC as regards the value added tax arrangement applicable to certain services supplied by electronic mean, available at http://europa. eu. int/eur-lex/en/com/dat/2000/en-500PC0349‑02.htm

该修正案已于2002年5月7日通过。

议题,为能有效确认潜在之问题以及提出可能解决途径。欧盟执委会于2001年2月7日向欧盟理事会提出加值税第6号指令修正案。欧盟执委会并于修正案中明确指出下列几点:

首先,现有的加值税课税机制在私人消费者透过网际网络购买实体货物,以传统方式交付时(即间接的电子商务,又称离线交易),特别有其适用。依VAT的课税目的,上开交易行为实与其他的远距销售(如透过型录的寄送、电话、邮购等)完全相同。对于这些交易,本已有良好建立的管道加以课税,如从第三国购买的货物在进口时课税,货物出口时适用零税率,欧盟境内的远距销售货物须课税,或在提供课税,或在购买国课税[30]。因此,本修正案系着重在线上(on-line)以数字方式交付商品的议题,并强调将贯彻只有欧盟境内之消费,才能应课征欧盟加值税的原则。

其次,税务机关现在可以运用的依从、控管及执行的模式,可能在许多方面已有所不足。虽然在当下,税基流失的威胁并非严重,但是,电子商务的成长对于税务行政造成潜在、长期的问题。由于电子商务系统及传输协议一直都在不断地革新,若税收机关不以积极主动的态度处理的话,电子商务在未来肯定会朝向不利税收的方向进展。

再者,电子商务之本质是世界性的,没有任何课税管辖权可以独立地解决电子商务引发之所有议题。因此,国际合作共同努力是必需的。想要成功地租税管理和适用,绝大部分须仰赖对避免双重课税或双重不课税上国际共识的达成。同时,给予营业的安全和义务的确定。兹就下列议题将欧盟执委会之修正案及内容说明之。

第一款 以电子方式提供之商品的法律性质

所谓"以电子方式提供"(supply by electronic mean),新修正第9条第2项f款第3目规定将之定义为:"凡传输之开始至最后接收,均借助数据处理(包括数字压缩)和储存设备为之,同时以有线、无线、光学或其他电子方式(包括电视广播及无线电广播)完成全部

---

[30] 然而欧盟执委会亦指出,由于此种销售量上的增加,实际上已经开始逐渐明显,因此有必要特别简化小额运送之进口货物关税清算程序以及在适当情形下,境内远距销售的课税方式应予更新。

传输、传送及接收者。"⑩由此可知"电子方式"不包含以有形方式（如在 CD 或 DVD 上）传递电子内容。

本修正案主要是就原欧盟指令第 9 条第 2 项加以修正,而第 9 条为劳务之提供地的认定规定,因此,在本修正案中表现出欧盟执委会贯彻于 1998 年"电子商务与间接税"报告中,将以电子方式传输数字商品之销售行为视为"劳务提供"的见解。

第二款　以电子方式交付之提供地认定标准

由于原有的劳务提供地认定标准对于某些劳务(如线上广播)无法用实体履行地来决定,再加上会对欧盟境外营业人不课税而对欧盟境内营业人课税的不公平情形,不利欧盟境内营业人竞争。因此,执委会于第 9 条第 2 项增列 f 款,特别规定以电子方式交付之提供地认定标准。

新修正第 9 条第 2 项 f 款第 1 目为:"(1) 欧盟境内之营业人(taxable person)向欧盟境外之消费者;(2) 由欧盟某国营业人向欧盟之他国营业人;(3) 欧盟境外营业人向欧盟境内消费者,以电子方式提供第 9 条第 2 项 c 款第 1 目之与文化、艺术、运动、科学、教育、娱乐或其他类似活动有关之劳务、计算机软件、数据处理、计算机服务(包括提供虚拟主机、网页设计或其他类似服务)及信息等劳务时,应以买受人之营业地或固定营业场所,为劳务提供地。若买受人无营业地或固定营业场所,则劳务提供地为该买受人永久住所地或经常住居地。"⑪

---

⑩　For the purpose of this Article the term "supply by electronic means" shall mean a transmission sent initially and received at its destination by means of equipment for the processing (including digital compression) and storage of data, and entirely transmitted, conveyed and received by wire, by radio, by optical means or by other electronic means, including television broadcasting and radio broadcasting.

⑪　"(f) the place of supply by electronic means of services mentioned in point(c) first indent as well as of software, of data processing, of computer services including web-hosting, web-design or similar services and of information, shall be the place where the customer has established his business or has a fixed establishment to which the service is supplied or, in the absence of such a place, the place where he has his permanent address or usually resides, when these services are supplied by a taxable person

——established in the Community to customers established outside the Community; or

——established in the Community to taxable persons established in the Community but not in the same country as the supplier; or

——established outside the Community to persons established in the Community.

依据此条规定，当欧盟境外之营业人向欧盟境内之消费者，以电子方式提供劳务时，应课欧盟加值税。而当欧盟境内营业人向欧盟境外之消费者以电子方式提供劳务时，因为劳务的买受人其营业地、固定营业场所、永久住所地或经常住居地均不会位在欧盟境内，因而也不需负担加值税的缴纳义务。换言之，借由此项规定，实践了执委会"凡在欧盟境内消费之劳务均予课税，非在欧盟境内消费之劳务均不课税"的理念[64]。

然而，新修正之第9条第2项f款第2目亦有例外规定："若该营业人(不论境内或境外)在欧盟已有税籍登记时，当其向欧盟境内一般消费者(non-taxable person)提供上开劳务时，提供地为提供人之营业地或固定营业场所；若提供者无营业地或固定营业场所，则劳务提供地为提供者永久住所地或经常住居地。基于f款之目的，欧盟境外之营业人，于税籍登记范围内，提供本条规定之劳务时，应被视为在有税籍登记之会员国内设有固定营业场所。"[65]

这是由于欧盟执委会对于电子商务加值税的课征，仍沿用传统的加值税税籍登记制度所设计的例外规定。又由于税籍登记的前提是营业人须在该国有固定营业场所，因此对于在欧盟境内无固定营业场所之境外营业人，拟制其在欧盟境内有固定营业场所，以符合"有固定营业场所，方有税籍登记"之制度。然而，执委会也指出，这是初步的提案，将再审查这种拟制规定的实施的效力，并于2003年12月31日前，再向欧盟理事会报告，以提出任何必要的变革。

---

[64] 因为本条规定，排除了劳务消费地在欧盟境外时加值税的课征义务(如欧盟境外营业人对其他欧盟境外提供劳务，和欧盟境内营业人向欧盟境外消费者提供劳务)，同时增加了欧盟境外营业人对欧盟境内消费者提供劳务时应予缴纳加值税的义务。所以形成不论劳务的提供人在欧盟境内或境外，只要劳务的消费地在欧盟境内即须课征加值税的情形。

[65] For such services however, when they are supplied by a taxable person identified in accordance with the provisions in force to non-taxable persons established in the Community, the place of supply shall be the place where the supplier has established his business or has a fixed establishment from which the service is supplied. For the purposes of point f, a taxable person established outside the Community shall be deemed to have a fixed establishment in the Member State of identification for services covered by this provision and supplied under that identification.

应予注意的是,本条规定只有在欧盟境外营业人以电子方法提供劳务予欧盟境内之一般消费者时,方有适用。若是提供给欧盟境内之营业人时,则为新修法第9条第2项第f款第1目,以欧盟境内之营业人为加值税之纳税义务人。换言之,新修法区分企业对企业及企业对消费者,分别规定纳税义务人及提供地。欧盟境外营业人向欧盟境内营业人,以电子方式提供劳务时,为企业对企业的交易模式。由于欧盟境内营业人本即有税籍登记须缴纳加值税,再加上加值税有进销项扣抵制度,因而以其为加值税之纳税义务人,并以其所在地为劳务提供地,不论是由加值税的缴纳的观点或由税捐行政的角度观之,均十分便利,且税收成效良好。另一方面,欧盟境外营业人向欧盟境内一般消费者,以电子方式提供劳务时,为企业对消费者的交易模式。由于一般消费者是加值税的最后负担者,若以其为纳税义务人,且要求其自行申报缴纳税款,在实际税收成效上,显为不佳。因此,与其由广大的消费者为纳税义务人,不如要求境外营业人于欧盟境内须有加值税税籍登记,使之成为以电子方式提供劳务时之纳税义务人,将有助于加值税的稽征。

第三款　简化方式及其他相关措施

一、设立门槛(threshold)

在以税籍登记的方式确保加值税之缴纳前提下,同时为了便利租税制度的运作及避免阻碍国际电子商务的发展——特别是造成资本额较小的企业及偶尔销售给欧盟消费者之人过重的负担,修正欧盟指令第24条第2a项,设立税籍登记的门槛规定:"凡欧盟境外之营业人提供第9条第2项f款之劳务予欧盟境内之消费者,于欧盟境内之年度交易总额未逾100,000欧盟者,欧盟会员国应免除其加值税纳税义务。"[269]

或有人认为如此将影响税收,且有违反中立性原则的可能。但

---

[269] In Article 24 the following point (2a) is added:
"2a Member States shall exempt from tax persons supplying services under Article 9(2)(f) third indent where these are their only supplies made in the Community and their annual turnover does not exceed EUR100,000."

执委会认为,设立门槛对于税收不会造成重大的影响,因为就大部分的情形而言,消费者在线上购物时,会倾向与资本额充足的大企业及有高度商誉之营业人交易,所以主要的电子商务交易都是与大企业为之时,免除年度营业规模在十万欧元以下的小企业纳税义务并不会对税收有重大影响。同时,设立门槛也不会造成在电子商务交易上给予欧盟境外之营业人优惠,而造成欧盟境内营业人的竞争上不利的影响。欧盟大部分的会员国对已对资本额很小的企业有门槛或其他相当的措施,以免除其加值税缴纳义务。因此,关于中立性的问题,只可能发生在营业总额超过欧盟各国门槛标准,须要对每一笔交易负担加值税的缴纳义务的欧盟境内营业人身上。但是,由于其于欧盟境内有相当之交易额,与欧盟境内及境外从事线上交易的小型企业之间,应该没有竞争的问题存在。若企业对消费者的电子商务交易是由大企业主控时,此一违反竞争中立的议题毋宁是只是理论性,实际上并不会发生。

同时,由于第22条第1项增列f款:"位于欧盟境外之营业人以电子方式提供第9条第2项第f款之劳务予欧盟境内之消费者,逾第24条2a项之门槛时,须于其提供劳务之会员国办理加值税税籍登记。"[50]使得仅于欧盟境内一地(通常是提供第一个应税劳务之会员国)办理税籍登记成为可能。这将使营业人可以只在一国注册而履行全部欧盟加值税之义务。

二、利用电子方式完成相关手续

欧盟指令第22条第1项a款规定:"欧盟各会员国应允许所有

---

[50] Article 22(1) is amended as follows:
the following is added:
"(f) A taxable person established outside the Community supplying services by electronic means as defined in Article 9 (2) (f) third indent to non-taxable persons established in the Community in excess of the threshold provided for in Article 24 (2a) shall be required to identify for VAT purposes in a Member State into which he supplies services."

纳税义务人以电子方式申报应税活动划开始、变动或终止。"[69]本条规定目的在于简化从事电子商务的营业人(不论境内或境外)向欧盟各国申报缴纳的程序,降低该等营业人的依从成本。营业地于欧盟境外之营业人,即可依新修正之欧盟指令规定,以电子方式告知有关税务机关其以电子方式从事之应税活动,以电子方式送缴欧盟各国税务机关其税务报表(tax return)及年度会计报表(annual accounting return)等。

三、一定条件下免除境外营业人之纳税义务,改由境内营业人负责

除了上开门槛及电子方式申报纳税规定外,修正案更有"纳税义务转换"的规定。详言之,当欧盟境外的劳务提供人提供第九条第二项 f 款的劳务,若同时符合下述两个条件时,可免除该加值税申报缴纳义务,改由欧盟境内营业人(为交易相对人)为之(欧盟指令第 21 条第 1 项)。第一,须该欧盟境外劳务提供人,就其所从事之业务已尽商业实务上最大之努力。第二,须由独立于交易双方以外之第三人资料,可证实该境外提供人之交易对象为欧盟境内之营业人[70]。

此时境外劳务提供人无进一步关于该交易的税捐义务,该义务转由境内之企业消费者承担。在占电子商务大部分的企业对企业之交易模式下,因为欧盟境外的营业人将不负担任何的加值税纳税义务,所以可以放心地与欧盟境内之营业人交易。欧盟执委会

---

[69] Article 22(1) is amended as follows:
Point(a) is replaced by the following:
"(a) Every taxable person shall state when his activity as a taxable person commences, changes or ceases. Subject to conditions which they lay down, Member States shall allow such statements to be made by electronic means."

[70] Article 21(1) is amended as follows:
(a) in point (a) the following sub-paragraph is added:
"Where a supplier of services under Article 9 (2) (f) has acted with all possible diligence normally used in commercial practice of a given sector and has verified by a consistent set of data from an independent source that his customer is a taxable person established in the Community, Member States shall provide that the supplier be discharged from being liable for tax and that the tax is payable by the person to whom the service is supplied."

指出,上开规定透过查核加值税税籍登记号码,即可确认欧盟境内营业人为谁,具有实效性。但应配合电子交易将相关程序加以简化,使之得于线上实时确认之。

第三节 经济合作暨开发组织(OECD)

第一项 概说

为了因应电子商务所衍生的各种问题,OECD很早就开始对之进行研究,并选择以确保信息基础建设、建立使用者与消费者对信息系统与电子交易的信心、在新的电子环境中减少规范之不定性以及减轻付款与交付之运筹问题,为研究的重心。而在建构可确定性的法律与规范环境中,OECD特别针对租税的问题由财政委员会(Fiscal Affairs Committee, FAC)组成四个小组,针对电子交易对直接税与间接税的影响、电子商务可能增加的逃漏税与租税规避问题及税务行政问题等进行研究[20]。

为促进全球电子商务发展,OECD分别举行了三次国际性会议,针对电子商务课税进行讨论。1997年5月在巴黎举行第一次部长级会议,主题为探讨"消费者之全球商业市场"(A Global Marketplace for Consumers),针对消费者保护,隐私及安全性及电子商务交易行为税制等议题进行讨论[21]。第二次部长级会议于1997年11月在芬兰Turku举行,主题为"泯除全球电子商务障碍"(Dismantling the Barriers to Global Electronic Commerce),探讨私人与政府部门在电子商务活动下应扮演的角色[22]。

1998年10月,OECD在加拿大渥太华(Ottawa)第三次部长级会议,并通过电子商务课税基本原则及架构条件(Electronic Commerce: Taxation Framework Conditions)报告及日后对于电子商务课税研究的议题(The post-Ottawa agenda)。由于渥太华会议是

---

[20] 冯震宇:前揭注⑨文,第47页。
[21] 单佩玲:《电子商务租税政策》(上),《实用税务》1999年第1期,第44页。
[22] 同上注;傅传训:《电子商务课税之问题》,《财税研究》第31卷1999年第1期,第13页。

OECD第一次结合产、官、学及国际组织[73]就电子商务课税问题进行研究，其重要性可见一般。

为处理渥太华会议后所须进一步研究的电子商务课税议题，OECD财税委员会于其电子商务消费税工作第九小组中，成立幕僚小组（Working Party No. 9 on Consumption Taxes Sub-Group on Electronic Commerce），针对于消费地实际适用现有租税原则的可行性、分析不同可能的税收稽征机制以及就纳税义务人或消费者身份、信息的取得及简化税务行政之可能性加以验证等三大议题加以研究[74]。并同时由消费税技术咨询小组（The Consumption Tax Technical Advisory Group）[75]及科技技术咨询小组（The Technology Technical Advisory Group）对于其讨论之方案给予建议及辅助。

消费税技术咨询小组及科技技术咨询小组，分别于2000年12月提出报告。第九工作小组之幕僚小组也于2001年2月向财政委员会提出"电子商务课征消费税意见"（Consumption Tax Aspects of Electronic Commerce）报告，整合分析各种消费税课征方式的可行性[76]。

---

[73] 参与该次会议的代表，除了OECD会员国外，还抱括欧体（European Union）、美国租税行政主管中心（Center for Inter-American Tax Administrators, CIAT）、大英国协租税行政主管协会（Commonwealth Association of Tax Administrators, CATA）及40余位各国企业代表。冯震宇：前揭注⑨文，第47页，注[64]。

[74] http://www.oecd/oecd.pages/home/displaygeneral/0, 3380, EN-document-101-nodirectorate-no-4-25844-29, FF.htm, 搜寻日期2002/2/16。

[75] 成立于1999年1月，Mandate of The consumption Tax TAG, available on http://www.oecd/oecd.pages/home/displaygeneral/0, 3380, EN-document-101-nodirectorate-no-2-3861-29, FF.htm, 搜寻日期2002/2/17。

[76] 此外，并于2001年6月4日至6日在加拿大蒙特娄举行电子世界税务行政会议（Conference on Tax Administrations in an Electronic World），与会者有一百多个国家及欧体（European Union）、美国租税行政主管中心（Center for Inter-American Tax Administrators, CIAT）、大英国协租税行政主管协会（Commonwealth Association of Tax Administrators, CATA）等之代表，对于前开报告之内容予以肯定。http://www.oecd/oecd.pages/home/displaygeneral/0, 3380, EN-document-101-nodirectorate-no-20-2829-29, FF.htm, 搜寻日期2002/2/17。

第二项　OECD渥太华会议揭橥之电子商务课征税捐所应遵守的基本原则

(1) 中立原则(Neutrality)

各国对于电子商务与传统商务或不同种类的电子商务间,应尽可能寻求中立及平等(neutral and equitable)之课税方式,使企业的决定均出于经济的考量,而非租税的考量。在相似情形下,进行相似交易之纳税义务人,应课征相似标准之税捐。

(2) 效率原则(Efficiency)

纳税义务人之依从成本与税捐机关之行政成本,应尽可能减少。

(3) 确定性及简单性原则(Certainty and Simplicity)

对于电子商务课征税捐之法规应力求清楚及简明易懂,使纳税义务人在交易前能预期租税之结果,包括能了解税捐何时发生,于何地发生及如何计算其税捐。

(4) 有效性及公平性原则(Effectiveness and Fairness)

各国应于正确之时点课征正确数额的税捐。在降低可能的逃税和避税之时,亦应维持电子商务的风险与反制措施的平衡。

(5) 弹性原则(Flexibility)

电子商务的课税制度,应力求弹性与动态,以确保该制度能配合科技及商业发展,与时俱进[⑦]。

第三项　OECD对于电子商务课征消费税之态度

第一款　是否开征新税?

OECD财政委员会曾明确表示:"在现实世界,税捐征收对于政府而言是必须要面临的挑战之一。在国际一致性下,实施之各国在解释及适用现行原则,将可能在虚拟世界中一样成功地完成征税的任务。如果各国能成功地对于电子商务征税,则吾人亦不需

[⑦] OECD, Taxation and Electronic Commerce-Implementing the Ottawa Taxation Framework Conditions, pp.17—18, (2001).

要特别为电子商务创建一套新的税制。"[278]

OECD 在渥太华会议中,达成两项重要的电子商务课税的基本原则,即:(1) 现行之课税原则可适用于电子商务;(2) 任何意图歧视电子商务的新税目,例如位税不应被采纳[279]。因此,不对电子商务课征新税为当前 OECD 的基本态度,OECD 其后之讨论与研究均以传统(现行)的租税制度及原则为主轴。

第二款　数字化商品提供之定性

OECD 渥太华会议对于数字化商品的性质,所达成之共识为:"基于消费税之目的,不得将数字化商品的提供(supply of digitalized products)视为货物之提供(supply of goods)。"[280]

国内学者对于此段结论的理解有所不同,有认为:"既然不会被视为货物,因此数字化商品只可能被视为劳务或是无形财产的权利金。"[281] 亦有认为:"不得将数字化产品视为货物,而应将之视为劳务销售。"[282] 余意以为 OECD 有意以排他法来陈述此一结论,故所能确定者仅为"销售数字化商品非为货物之提供",至于是否仅为劳务提供或另可能属于无体财产之权利金,尚需依各国之消费税法加以认定。本文将于下一章依台湾营业税法之规定,进一步探究应如何定性。

第三款　消费地(place of consumption)之认定

跨国交易之消费地的认定,有助于税捐明确性原则的达成以及避免在两国采用不同的课税地原则时发生双重课税(或双重不课税)的情形。因此,渥太华会议的另一项重要结论即为:"跨国之电子商务交易之课税权,为消费发生地(where consumptions take place)之国家。而对于何种提供(supply)应视为在该国课税权范围

---

[278] Richard Doernberg and Luc Hinnekens, supra note [74], p.359.

[279] OECD, supra note [277], p.11.

[280] OECD Committee on Fiscal Affairs, Electronic Commerce: Taxation Framework Conditions, p.5, October 8, 1998, available at www.oecd.org/daf/fa/E-com/framework.pdf, 搜寻日期,2002/4/3.

[281] 冯震宇:前揭注⑨文,第49页,注[70]。

[282] "经济部"商业司:前揭注[130]文,第10页。

内消费应寻求国际共识[23]。"

在传统货物的提供上,跨国交易的消费地相当容易认定,只要以货物收受人的地址即可。并可利用适当的关税制度对于进口的实体货物征收消费税,不但不会有过度的税捐征收情形,也不会影响递送货物给消费者之效率。但是相反的,在商品是以数字化形式下载或是透过网络以电子传输方式递送时,没有实体的运送地址可供依凭,造成税务行政机关课税上的困难。

OECD第九工作小组认为劳务有有形劳务与无形劳务之分。前者系指在该劳务之销售须于一定地域内始能完成者,其消费地即可定义为该劳务实际履行地。然而,无形劳务,如谘商服务、金融交易等,该劳务之履行不需于一定特定地域内即可为之时,实无法针对"消费地"为一统一的定义。例如一个英国的企业消费者与一美商公司签约,约定由该公司在日本的分公司提供谘商服务。此时,消费地究应为日本或英国即生疑义[24]。又如一法国公司与一加拿大公司签订一电子化传送劳务之契约,该加拿大公司可以笔记型计算机在全世界接收该项劳务,则消费地可能在任何实际实用该劳务的国家。因此,对于无形劳务,该小组提出的建议是:

(1)在企业对企业交易下,原则上应以劳务收受人之营业场所(business presence)为消费地,如公司总部、或分公司等。

(2)在企业对消费者交易时,原则上应以消费者通常的居住地为消费地。当其在数国均有居住地时,则以其居住时间较长的国家为消费地[25]。

第四款 固定营业场所(Permanent establishment)

在国际租税条约中,通常以固定营业场所的概念,作为国际条约签约当事国间划分课税权的依据。即一方签约当事国,只能对于在其国内设有固定营业场所的他方签约当事国企业加以课税。

---

[23] OECD Committee on Fiscal Affairs, supra note [20].

[24] 因为谘商服务的消费者的总部在英国,而实际上劳务的履行却发生在该美商在日本的分公司。

[25] A Report from Working Party No.9 on Consumption Taxes to the Committee on Fiscal Affairs, Consumption Tax Aspects of Electronic Commerce, pp.10—13, (2001,2).

依OECD税约模板第5条规定,所谓固定营业场所,乃指"企业进行全部或部分营业活动之固定之营业场所(fixed place of business)"[286]但是,在电子商务环境下,上开固定营业场所的概念在运用上遭到严重挑战。这是由于在传统的商业形式下,外国企业欲在他国进行营业,必须在该国设有许多实体存在的设施,如办公室、人员、设备等,以作为该公司进行营运的场所。因此,固定营业场所的认定较为简易而不会有争议。但是由于新兴科技的发展,外国企业不需在买方所在的课税辖区内有任何实体存在的设施,只要透过网际网络即可轻易完成跨国交易。因此现有的固定营业场所是否能够因应电子商务所造成的变革,即滋生疑义。

针对此一议题,OECD财政委员会于2000年提出第5条固定营业场所注释修正草案,其主要内容如下[287]:

第一目 "网站"(web site)与"网页"(web page)非固定营业场所

依据该条补充注释第10项规定,若企业透过位于某一国家的固定自动设备(fixed automated equipment)来进行营运时,可能构成固定营业场所,所以在现行规范下,相关的计算机设备可能符合固定营业场所的概念。但是,因为网站或网页本身只是软件与电子资料的结合[288],所以当企业单纯借由网站或网页作为交易的媒介,以吸引顾客缔结契约时,因为不涉及任何实体设备的设置,网站或网页也就不会被认为是企业的营业场所(place of business),而只具有单纯的广告性质而已。总之,不得因为企业在某一国家内的服务器设置网页或网站,即认为该企业在该国设有固定营业场所,而应负有在该国申报、缴纳消费税的义务[289]。

---

[286] The term of "permanent establishment" means a fixed place of business through which the business of an enterprise is wholly or partly carried on.

[287] OECD Committee on Fiscal Affairs, "Revised Draft of the Clarification on the Application of the Existing Permanent Establishment Definition to Electronic Commerce," (2000), available at http://www.oecd.org/daf/fa/treaties/art5rev_3March.pdf.

[288] 贾志豪:前揭注[119]文,第51—52页。

[289] "经济部"商业司,前揭注[130]文,第10页。

第二目 "服务器"非固定营业场所

企业直接透过服务器业者,于其上架设网站进行营业活动,最普遍的例子就是,企业于网际网络服务提供者业者所提供的服务器上成立网站,以从事营业活动,尽管此时企业支付予网际网络服务提供者业者的费用高低,可能决定于储存架设网站之相关软件以及资料所需的硬盘空间,但是该契约的本身并未使得企业有权决定该网站属于硬盘中的那个位置,同时并未能控制该服务器的运作,即使企业有权决定该网站设立在位于特定定点之特定服务器上,对于该服务器与其所在的位置仍无法由企业自由处理,因此根据该条补充注释第 4 项,仅将网站成立于网际网络服务提供者之服务器上,不能构成该企业的固定营业场所[28]。

第三目 网际网络服务提供者及网站不视为非独立地位之代理人[29]

由于许多企业是透过网际网络服务提供者所提供之服务器所架设的网站,来进行电子商务交易,此时网际网络服务提供者业者是否适用 OECD 范本第 5 条第 5 项规定,而构成该企业之固定营业场所?修正草案中持否定的见解。这是因为网际网络服务提供者业者并无权以网站业者的名义签署契约,并且由于许多不同企业架设网站于网际网络服务提供者业者的服务器上,该业者仅以独立代理人的身份履行其日常业务,故不应视为网站业者之非独立代理人[30]。

由于 OECD 范本第 3 条第 1 项定义,所谓"人"(person)包含有个人、法人及法人以外之团体。因此,企业赖以维生的"网站",不

---

[28] 贾志豪:前揭注[16]文,第 52—53 页。
[29] 通常独立代理人,有两项特征:(1) 此代理人非为公司之独家代理人,尚可接受其他公司之代理委托。(2) 此代理人不得代表公司进行任何决议。凡不属独立地位代理人者,均为非独立地位代理人。请参阅,王正文,前揭注[16]文,第 68 页。
[30] 依据 OECD 范本第 5 条第 6 项规定,各国不得仅因企业在该国透过中介业者(broker)、一般收取佣金的代理人或其他类似地位之独立代理人,于该国经营业务,即认为企业于该国已有固定营业场所。因上开之独立代理人所从事者为其自身日常业务活动(而非为企业之活动)。依此规定,因为独立代理人所为之商业活动是他们本身日常的商业活动,非专为企业而为之,是以不应将其视为固定营业场所。

符合"人"的定义,自不可能为"代理人"而构成固定营业场所[28]。

第四目　设置服务器的地点为网际网络服务提供者之固定营业场所

提供服务器服务的企业,由于其业务性质与前者不同,所以设置服务器的地点,可视为是提供服务器服务者的固定营业场所(fixed place of establishment)[29]。

第五款　对电子商务课征消费税方式之建议

鉴于电子商务特性,使得跨国交易时,各国特别难达成税捐征收目的。OECD 电子商务工作小组于 1999 年 7 月提出四种可行的机制,即"自行报缴制度"、"非居住者注册登记制度"、"于来源地课征再移转税款"及"由金融机构扣缴制度"等。由消费税第九工作小组之幕僚小组、消费及科技技术咨询小组(以下简称 TAG)分别加以评估。兹分析说明如下:

第一目　自行报缴制度(Self-Assessment System)

在自行报缴制度下,买受人就进口的劳务或无形货物,于给付报酬后,自行依法定税率计算税额,再向所在地税务机关报缴消费税[30]。可图标如下:

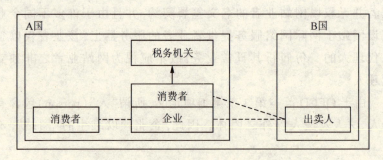

图　3-1

资料来源:Report by the Technology TAG, p.16.

---

[28] 贾志豪:前揭注[19]文,第 55 页。
[29] "经济部"商业司,前揭注[13]文,第 11 页。
[30] 单佩玲:《电子商务加值税课税机制》(上),《实用税务》2000 年第 7 期。

一、企业对企业

对于企业对企业的跨国交易而言,目前许多OECD会员国均已采行此一制度,且已证实此一制度的可行性、有效性以及只有非常少的依从成本和行政负担[296]。消费TAG对于此一制度的采行也高度肯定[297];技术TAG认为并无任何因科技造成的征收难题[298]。这是因为以企业对企业的交易而言,绝大部分的企业极易成为税务机关列选查核的对象,而在加值税体系下,各国政府在税法上订有税基相减法或税额相减抵法,因此大部分企业就其销项税额有资格适用上述方式予以扣除或扣抵。因此,采行自行报缴制度的国家,均有相当良好的成效[299]。

二、企业对消费者

各小组对于此一制度适用于企业对消费者的可行性,均表示高度怀疑[300]。这是因为消费者是加值税的最后负担者,因此销售劳务及无形资产予消费者,并规定消费者须履行自行报缴的义务,在稽征实务上可能是最不具成效的[301]。

第二目 非居住者注册登记(Registration of Non-Residents)

所谓"非居住者注册登记"指在一课税辖区内的非居住者企业,对该辖区内的买受人,从事劳务及无形资产的远距销售。例如邮购事业或电子商务的跨国交易,其交易额若超过最低限额时,须在该国境内办理注册登记。同时,须依买受人国家的消费税率计算,并对当地税务机关缴纳消费税。换言之,基于消费税课征目的,现行设立营业场所所在地或经营所在地的标准,应可扩大适用于外国营业,俾使外国营业人与本国营业人适用相同的课税规定。目前已有少数国家就特定交易,采行此一课税机制。例如:非欧盟境内之电信业者提供电讯劳务予欧盟境内消费者,该电信业者必

---

[296] OECD, supra note [295], p.15.
[297] OECD, Report by the Consumption Tax TAG, p.5, (2000,12).
[298] OECD, Report by the Technology TAG, p.7, (2000,12).
[299] 单佩玲:《电子商务跨国交易——加值税课税机制之探讨》,《财税研究》第32卷,2000年5月第3期,第114页。
[300] OECD, supra note [295], pp.15;supra note [297], pp.16;supra note [298], pp.7—8.
[301] 单佩玲:前揭注[299]文,第115页。

须在个别消费者所属课税辖区内,办理加值税注册登记,并申报加值税。再者如外国营业人在加拿大境内销售出版物予该国消费者,亦需向当地政府办理设立注册登记[302]。如下图所示:

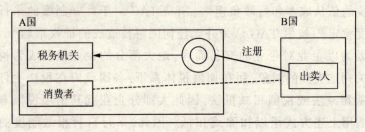

图 3-2

资料来源:Report by the Technology TAG, p.16

一、企业对企业

此一制度虽然具有可行性、有效性以及具有促进消费税中立性目的之达成。然而此一制度不但会增加税务机关在确认非居住之营业人的身份以及在执行注册登记的成本外,也会加重非居住之营业人的依从成本。这是因为,营业人必须在各国境内都办理注册,并负责将课征的税款分别汇寄给各国。因此,在企业对企业上远不如自行报缴制度佳[303]。

二、企业对消费者

如前所述,企业对企业交易可以用自行报缴制度。因此注册登记课税的机制,最主要是有利于对企业对消费者的交易课税。由于采行此一制度的同时,境外营业人的依从成本会增加,因此OECD提出门槛(threshold)的限额规定[304]。若营业人销售他国国境内之营业额未及门槛规定时,则无须对该销售国履行课征消费税及汇寄税款的义务,以减轻中、小规模营业人的依从成本负担。惟可能会对于境内营业人有所不公平。因为境外营业人营业额未达一定数额前不需课税,而境内营业人则无此优惠[305]。

---

[302] 单佩玲:前揭注[25]文,第58—59页。
[303] OECD, supra note [29], p.15.
[304] Id.
[305] 单佩玲:前揭注[29]文,第118页。

第三目 于来源地课征再移转税款(Tax at Source and Transfer)

所谓"就来源地课征再移转税款",系指营业人于财货出口时,须直接就该出口予非居住者的财货缴纳消费税,并由营业人将此税额汇寄给本国税务机关,再由本国税务机关将此税款汇转给消费国[306]。

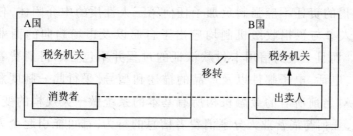

图 3-3

资料来源:Report by the Technology TAG, p.17.

为确保此一机制的可行性,各国须要共同签署一份正式的国际协议,以规范营业人所属国家(即销售国),须为其他国家(消费国)履行课征消费税的义务[307]。纵使签订国际协议,也无法确保能销售国的稽征成本能适当地分配给消费国,而消费国也须承担销售国不将收到的税款分配的风险。因此,此一制度短期内其可行性微乎其微。

第四目 金融机构代为扣缴(Withholding by Financial Institutions)

所谓"金融机构扣缴"之课税机制,系买受人与营业人间,如借由电子化交易之商品,其所支付之价款是透过银行与信用卡公司等金融中介者,则委由该金融中介者代为扣缴加值税;尔后,再由金融中介者,将消费税款汇转给各消费国家,由此可见,此一课税机制最主要的特性,乃系将原由营业人负责扣缴税款的义务转移予金融机构[308]。

---

[306] 单佩玲:《电子商务加值税课税机制》(下),《实用税务》2000年第8期,第67页。
[307] OECD, supra note [285], p.16.
[308] 单佩玲:前揭注[306]文,第69页。

此一机制可谓是全新的一套税收制度。虽然工作小组认为此方法应可有效收得税款,但最大的困难之处就是将税捐收缴的义务转给第三人(金融机构)的问题。但是所有的金融机构都已宣称,因为他们并非从事应税之货物销售或劳务销售之营业人,所以也毋须负担该等营业人收缴消费税的义务[309]。科技 TAG 也认为收缴税捐的责任不应强制负加予任何第三人性质的中介团体,任何第三人参与税捐收缴机制均应出于自愿以及市场趋向的商业动机[310]。而且一般的信用卡付款认证的过程并不包含取得消费者的住址、电话、电子邮件以及产品的描述和型号,采行此一制度意味着须对当前所有的金融机构所有基本的系统做一大规模的变动。最后,任何与尚营业人分享消费者信息的行为,都可能引起个人安全、隐私以及诈欺的问题。职是之故,此一机制似不稳当[311]。

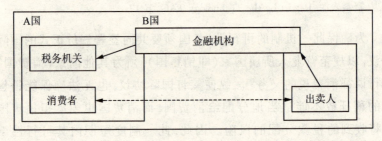

图 3-4

资料来源:Report by the Technology TAG, pp.18,19.

第五目 小结

综合分析上面的四种方案后,OECD 财税委员会第九工作小组的建议为,电子商务之交易形态若为企业对企业时,应采用自行报缴制度;考量当前的技术能力,企业对消费者之交易目前则以非居住者注册登记制度为较好的选择,但各国应致力将其企业的依从成本降至最低[312]。

---

[309] OECD, supra note [298], p.18.
[310] OECD, supra note [285], p.16.
[311] OECD, supra note [298], p.18.
[312] Id.

第四节 小 结

一、美国、欧盟及台湾地区营业税制之比较

美国的零售税制度、欧盟之加值税制度与台湾地区之营业税法,各有其独特之处。吾人将之分析如下表:

表 3-2 美国、欧盟及台湾地区营业税制之比较表

	美国	欧盟	台湾地区
名称	零售税及使用税	加值税	加值型及非加值型营业税
地方税或国税?	地方税	国税	国税
性质	单一阶段零售税	多阶段零售税	多阶段零售税
税基	销售额(总额)	加值额	加值型:加值额 非加值型:总额
课税客体	以有形个人财产之课税为主	货物及劳务之提供及进口货物	销售货物与劳务及进口货物
税率	各州税率不同	欧盟各国税率不同。同一国内可能采行复式税率	单一税率

二、对于电子商务课征营业税之比较

由于美国、欧盟及 OECD 对于电子商务课税议题上,因为税制的不同,有其各自遇到的难题,而解决方法与态度也不尽相同,吾人将有关议题分类并将其处理方法表列总结如下:

表 3-3

议题	美国	欧盟	OECD
课征新税(如位税)?	反对	反对	反对
电子商务应否课税?	致力推动电子商务全面不课税。国内情形系依网络免税法(ITFA)及网络平等课税法(ITNDA),自1998年10月21日起自2003年11月1日止暂不课税。	应予课税	应予课税

(续表)

议题	美国	欧盟	OECD
传统租税原则可否适用于电子商务？	可以	可以	可以
线上传输数字商品之法律性质	依1994年最新之州地方法院判决，认为属于有形个人财产的销售	依欧盟执委会1998年《电子商务与间接税报告》及2001年之第6号《加值税指令修正草案》，数字商品之提供，不视为货物之提供。故在欧盟加值税制度下，属劳务之提供。	1998年渥太华会议共识，数字商品之提供，不视为货物之提供
课税权之归属之原则	若Quill案之"物理上出现"之标准适用于电子商务时，只有当电子商务公司于该州有物理上出现时，该州始得对之主张代为收缴零售税或使用税之义务。	以电子方式提供劳务时，应以买受人之营业地或固定营业场所，为劳务提供地。若买受人无营业地或固定营业场所，则劳务提供地为该买受人永久住所地或经常住居地。	劳务提供地所在国为具有课税权之国 (1) 在企业对企业交易，原则上应以劳务收受人之营业场所为消费地，如公司总部、或分公司等 (2) 在企业对消费者交易，原则上应以消费者通常的居住地为消费地。当其在数国均有居住地时，则以其居住时间较长的国家为消费地
固定营业场所	企业使用ISP、IAP业者所提供之服务从事电子商务，或将信息放置于ISP业者服务器上时，该ISP、IAP业者之固定营业场所及ISP业者之服务器所在地，非为固定营业场所	欧盟境外之营业人，提供第9条第2项f款规定之劳务时，于销售总额超过门槛规定(十万欧元)时，视为在税籍登记之会员国内，设有固定营业场所。	(1) 网站及网页非为固定营业场所。 (2) ISP之服务器及固定营业场所非为电子商务营业人之固定营业场所

第四章 台湾对电子商务课征加值型及非加值型营业税难题之分析

第一节 台湾当前对电子商务之课税政策

第一项 台湾电子商务政策纲领

1999年3月31日"经济部"商业司于主办的21世纪企业电子商务新契机——SCM(供应链管理)专业研讨会"中首次揭橥"电子商务政策纲领"。本纲领亦曾于1998年11月在亚太经济合作会议(APEC)中向APEC各会员国宣示。此一纲领在税务方面作了一些重要的原则指导,宣示在台湾未来数年的电子商务税务演进中扮演重要的角色[313]。其重点如下[314]:

(1)维持电子商务明确的、一致的、中立的、无歧视的租税制度。

网际网络是具体的全球化贸易制度,在网络上进行货物或服务之交易,必定面临关税与税捐课题。由于网际网络缺乏清楚的国界与边境,交易程序快速与交易匿名性等现象,使依据实体商品与地理区隔为设计基础的现行课税法律架构在适用上更显扞格不入。电子商务应维持明确的、一致的、中立的、无歧视的租税制度(non-discriminatory tax)。

(2)不对电子商务征收额外的进口税捐

当货物利用电子方式订购而以实体货物运送时,不应因其利用电子商务形式而征收额外的进口税捐(import duties);在执行电子商务的其他状况时,原有进口税捐的免税措施应继续予以维持。

---

[313] 林其青:前揭注⑮文,第132页。
[314] http://www.moeaboft.gov.tw/impt_issue/impt_6/ec-rept-1.htm,搜寻日期,2002/4/13。

(3) 避免电子商务的租税与国内租税的管辖权产生冲突或双重课税的现象

电子商务的租税问题正如同其他的国际贸易行为一般,必须注意避免各经济体内国税管辖权的冲突以及双重课税的问题。将参考世界贸易组织(WTO)、经济合作发展组织(OECD)、亚太经济合作(APEC)之政策与规范,对电子商务租税问题采取适当的调和措施。

(4) 简化及明确化电子商务租税制度的稽征方式

因应网络交易的特质,诸如当事人以匿名方式进行交易、每笔交易金额数目不大,但交易笔数很多、契约作成地的认定相当困难等特性,在制订电子商务租税制度时,我们将避免采用会扭曲或阻碍电子商务之发展的租税制度,或产生歧视特定形态的交易之效果。在执行层面,应考量稽征方式简单明了且能有效收取税收,并以技术上易于执行、低稽征成本为原则。

第二项 "财政部"之电子商务租税政策[315]

在上开电子商务政策网领下,"财政部"赋税署旋于1999年提出电子商务之课税政策。其中在营业税的征收上,建议台湾应采取下述之课税原则:

第一款 整体租税方面

(1) 应建立明确之税赋架构,以利纳税人遵循。

(2) 积极与各国发表联合声明与进行相关合作计划,以有效解决国际租税问题。

(3) 不应以消费税或关税形式,对于电子商务交易另行课征新税。

(4) 电子商务之租税政策,应符合租税中性及公平原则、税务行政简化、防杜多重课税与未课税,以及国际间税基及税收公平分

---

[315] http://www.moeaboft.gov.tw/impt_issue/impt_6/ec-rept13.htm, 搜寻日期, 2002/4/13。

配原则。

　　第二款　台湾所应采取的营业税课税原则

（1）中性原则。即不论买卖双方采用何种交易媒介或传输方式，均应适用相同之课税方式。

（2）防杜国际间重复课税原则。

（3）简化税务行政与降低依从成本原则。

（4）消费地课税原则。仍以买受人使用劳务及无形资产之所在地，作为优先决定消费地之准则。

第二节　适用营业税法对电子商务课税问题

第一项　得否以台湾营业税法加以课税？

　　电子商务对于台湾营业税法的首要冲击就是：可否依台湾现行之营业税法对此种商业行为加以课税。有主张美国目前采取暂不课税之态度，台湾似可效法，以促进国内电子商务之发展者。亦有认为台湾之营业税法，其制度设计系针对有体物为之，因此，对于透过网际网络传输之数字商品，因其为无体物，故已逸离了台湾营业税法所欲规范之范畴，故不得适用现行税法加以课税。更有主张，透过网际网络下载数字商品时，为授权行为，非属加值型及非加值之课税对象（销售货物、销售劳务、进口货物），应不得课征营业税[219]。

　　惟本文以为，上开见解均无所据。首先，美国之所以采取暂不课税的态度，原因在于其零售税为地方税，而各地为争取财源，莫不对电子商务及相关产业积极课税。但是各州对于电子商务采取的税目、课税要件及税率等，又不尽相同。在电子商务极易跨州交易的情形下，如此繁杂、不同的税赋，不符合税法之简洁原则，亦造成电子商务发展之阻碍，故国会乃通过网络免税法及网络平等课税法等暂时冻结各州的课税权利。然台湾之加值型及非加值型营业税，已于1999年改为国税，不会发生类同于美国的问题，不需效

---

[219]　陈文锐：前揭注⑤文，第70页。

仿美国模式

其次，1985年营业税法改制时，虽主要是针对当时货物销售之课税弊端而做的修正，但是营业税法的规范对象上，并未只以实体货物之销售为课税客体。劳务之销售的规范目的，正系为补充规定，将货物销售以外之销售行为均列入营业税法所规范的课税客体。所以无体物或劳务之销售或智能财产权之授权行为，均可列入"劳务之销售"此一概念下，加以课征营业税。

再者，就"宪法"第15条、第23条及第7条为依据之量能原则观之，对于电子商务依营业税法课征营业税，方才符合租税负担公平之要求。如某甲至书店购买一本纸本书，须依规定缴纳营业税；而某乙在电子书店购买一本与纸本书内容完全相同的电子书，透过网际网络下载时，却不须要缴纳营业税，此时，甲乙均就其财产加以消费，所彰显之负担能力均相同，惟甲要缴纳营业税款，乙则不需缴纳，即违反量能原则之公平负担的要求。

最后，就中立性原则观察，如果传统零售书店A销售纸本书，依营业税法，于进货时须缴交营业税之进项税额，并于销售时，将该进项税额并入售价，转嫁予消费者。若对于电子商务不课征营业税，则电子书店B销售电子书予消费者时，因不需转嫁营业税，售价将会低于传统零售书店许多，造成电子书店B在市场上将具有较强的竞争优势。换言之，市场的经济活动，即因为营业税法不适用电子商务而仅适用于传统商务的结果，强化了电子商务的竞争力，大大干预了市场，违反营业税中立性原则的要求。

本文基于上述观点，认为台湾营业税法不但可适用于电子商务，且为贯彻宪法上量能原则及中立性原则，应适用于电子商务，对之课征营业税。

第二项　电子商务销售类型在台湾营业税法上之法律性质

第一款　实体商品或承载于有体物之数字商品

电子商务依其所销售之商品，可能为实体商品、承载于有体物之数字商品或透过网际网络传输之数字商品。例如纸本书、储存于光盘之电子书（该电子书为数字化商品，而该光盘为承载之有体物)或直接由网络书店下载之电子书。如果透过网际网络在网络书店上购买一本纸本书或储存于光盘之电子书时,由于营业人若欲完成其给付义务,须要该有体之纸本书或光盘利用邮寄或快递等方式,交付予消费者。其情形与传统之货物交易无异。换言之,该种电子商务交易仅是利用网际网络作为通信媒介,至于履行义务之方式与传统之交易相同,并非透过网际网络完成交付义务。欧盟称之为"间接之电子商务",也有用"离线(offline)交易"。依现行《营业税法》之规定,应以第3条之销售货物课征营业税。美国、欧盟及OECD对此均采同一见解。

第二款 透过网际网络传输数字商品

透过网际网络传输数字商品时,此等交易欧盟称之为"直接之电子商务",也称为"线上(online)交易"。由于交易客体并无形体,该销售之法律性质上究属货物、劳务还是权利金之销售,学说争议。由于其法律性质之确定,甚为重要,将影响是否得依台湾《营业税法》课征营业税、判断课税权归属、纳税义务人以及稽征方式的选择等问题。

第一目 学者间之不同见解

一、货物说

傅传训氏认为,若自网站透过网际网络以电子传送数字化产品,如CD音乐或影像时,因为这些数字物品与其有形之形式,在功能上几乎相等,因此,可认定其为货物,应无疑义[311]。

二、劳务说

黄茂荣氏认为,在著作物之销售,于纸本着作物的时代,并不申论其销售究竟是单纯之物的销售,或含有著作权之使用授权,而倾向于将之论为销售货物。惟在以磁盘、光盘等电子媒体销售书籍或影音著作物后,由于其重制、公开播送、公开上映的简易性,使著作物之销售所含著作权之授权问题渐渐获得重视,大有凌驾物之销售的趋势。在网络交易,由于著作权人并不提供该著作之储

---

[311] 傅传训:前揭注⑫文,第9页。

存媒体，而使其授权的性格更为突出[318]。由于在以通信网路下载数字货物时，并无有体物的授受，而只是将一定之数字信息加载购买者之储存媒体中，以供后来之利用，所以应将之定性为销售劳务[319]。

王金和氏也认为是劳务。氏认为营业税系对于营业人销售货物（有形商品）或劳务（无形产品）行为所课征之一种零售税。而因为数字产品系属无形产品，因此网络交易是提供劳务的行为[320]。

"经济部"商业司的法规障碍报告中亦同此说，数字产品传输中的交易内容，大多是拥有数字资料智能财产权的一方，将数字数据传输给他方，并许可他方在一定的范围内使用该数字资料，并支付一定的对价。因此双方当事人在数字产品传输中的交易重点，应是在于该数字资料的"使用权"上，并非在于数字资料的"传输"。基于劳务与货物的销售，其基本的区别便在于货物具有"实际的形体"（physical substance），劳务具有"无形"（intangible）的特质。故既然数字产品的销售，本质上为数字资料使用权的授予，因此适当归入劳务的销售，较符合营业税法上关于"货物"与"劳务"概念上的区别[321]。

三、授权说

冯震宇氏认为货物乃属于法律上广义之物的概念，因此仍需要对"物"之意义加以探讨。民法所称之"物"，系指除人之身体外，凡能为人力所支配，并能独立满足人类社会生活需要之有体物及自然力而言。但是，根据物权法上"一物一权主义"及"物权标的特定"的原则，法律上的物必须个别独立存在。因此电波、音波、光线、电磁辐射或粒子辐射，如非由人力加以支配控制并且使之分离独立者，则不可被认为系法律上的物。

由于透过网际网络所传输的数字化商品，乃系透过位的形态加以传输，并可储存于光盘或其他磁性媒体，而以不同形态加以呈现，在技术上亦能加以储存、控制、运用，且为工商业及日常生活所

---

[318] 黄茂荣：前揭注⑱文，第10页，注①。
[319] 同上注，第18页。
[320] 王金和：前揭注⑪书，第37、55页。
[321] "经济部"商业司：前揭注⑯文，第33页。

普遍使用。因此,似可将其独立认为系物之一种。是故数字化商品不论是透过网际网络传输,抑或是附着于媒介(例如光盘或磁盘)而进口,均可视为台湾法上所称的"物"[⑳]。

根据前述,台湾《民法》及《营业税法》第3条对于货物一辞,似仍拘限于有形财产,因此若涉及有形商品(货物)之交易,若符合《营业税法》第1条规定,理论上当然可以课征营业税。但是若交易的标的系属于无形财产的计算机信息产品时,是否能够适用,则有疑义。这是因为由于现行法律规定仍系以有形财产为规范对象,根据租税法定主义,对于无形财产的数字化商品,似无法直接课征营业税,除非系将计算机信息(包括计算机软件)解释为货物,或解释为《营业税法》第3条所称之销售劳务或视为销售劳务,方有课征营业税的可能。不过,计算机信息究应被归类为商品,还是服务或是授权,美国与OECD及其他国家见解均不一致,台湾究竟对计算机信息应如何定性,乃涉及台湾对无形商品透过网络进行交易时,是否课征营业税的关键。因此,台湾似宜待国际间对此一问题有较一致见解时,再修正相关法规[㉒]。

四、依销售之商品种类分别认定说

陈佳郁氏认为交易客体为数字化商品时,其性质介于有形商品及劳务间,因此将之区分为计算机软件、电子书及影像或动画等三类加以分类说明。就计算机软件而言:采取美国法院判决的见解,认为透过数字化传输的计算机软件,属于有形个人财产;就电子书而言:电子书几乎相似于计算机软件,因此可以认定是有形个人财产。

就影像或动画而言:依消费者是否能借由网际网络合法传输下载而可永久性储存于消费者的储存装置上,又可分为有形商品及劳务。若是透过线上数字化传输所取得的影像、动画或其他记录拷贝消费者可将其"永久储存"于任何媒介,如硬盘或光盘片,则此项交易性质是购买商品,也就是出卖人应是销售有形个人财产给

[⑳] 冯震宇:前揭注⑨文,第54页。
[㉒] 同上注,第62页。

消费者。然而,在影片仅是能透过数字传输予消费者,但下载的影像并不能被消费者"合法性的永久储存"或消费者仅拥有线上阅读、观看或于一定期间使用的权利时,因消费者不外乎是支付对价取得一段使用期间或是随使用次数、使用时间付费,使用者并未实质取得近于物之所有权,所以应属劳务㉔。

第二目　本文见解

欲判断透过网际网络传输之数字化商品之性质,首应探究台湾营业税法上"销售货物"与"销售劳务"之定义。其次,由于台湾《所得税法》与《营业税法》在因课税的目的税捐客体上的分类有所不同,应区别两者间的同异,以免混用。最后,由于电子商务是全球性的交易行为,因此尚需参酌国际间的共识,达成一致的认定。

正如《营业税法》第 3 条所示,销售首先可按其客体分类之。依该条第一、二项,销售之客体有二类:货物与劳务。《营业税法》第 3 条第 1 项规定:"将货物之所有权移转与他人,以取得代价者,为销售货物。"虽立法理由明示,该项系基于《民法》第 345 条而订定㉕,然民法买卖章中所规定之债之客体有二,一为物之买卖,另一为权利买卖。物之买卖与权利之买卖最大的不同,在于前者所指称者为物之所有权之买卖,后者则为所有权以外之权利之买卖。就《营业税法》第 3 条第 1 项之文义观之,其规定与《民法》第 348 条第 1 项㉖之规定相近,规范重心均为"物之所有权"之移转,从而《民法》第 348 条第 2 项㉗所规定权利之移转,则不与焉。

民法买卖中称之物,基本上系接受《民法总则》第 66 条以下所称之物之概念㉘。关于物之定义,虽民法学者用语不尽一致,然归纳言之,通说对于物之意义,基本上采取相同之见解,即物之特色

㉔　陈佳郁:前揭注③文,第 77—78 页。

㉕　《营业税法修正草案》第 3 条特种饮食业修正草案说明,前揭注㉛书,第 17 页;王建煊:前揭注㉒书,第 486 页。

㉖　《民法》第 348 条第 1 项:"物之出卖人,负交付其物于买受人,并使其取得该物所有权之义务。"

㉗　《民法》第 348 条第 2 项:"权利之出卖人,负使买受人取得其权利之义务。如因其权利而得占有一定之物者,并负交付其物之义务。"

㉘　黄茂荣:《买卖法》,1992 年版,第 112—113 页。

为(1)不包括人类之身体,(2)物须为吾人所能支配,(3)物必须独立为一体且能满足人类社会生活之需要,以及(4)得为有体物或自然力[㉘]。

营业税法关于销售货物,既参酌民法订定,关于货物之定义,即应与民法之"物"为同一解释。是以透过网际网络传输之数字商品本身,是否属于货物,即应探究其是否符合民法上物之特色。冯震宇氏认为数字商品应属民法上之物,已如前述,惟吾人持不同之见解。盖数字化商品,不论其为电子书、计算机软件,其本身均系由0与1之数字码组合而成,无法离开计算机设备而独立存在,非独立为一体。再者,由于该数字码系人力所设计,不具备任何形体,亦非为自然之力或能源,故亦非为有体物或自然力。是吾人持较保守之见解,不认为数字化商品本身为民法上之物,从而当其透过网际网络传输销售时,亦不认为其为销售货物。因此,货物说及依销售之商品种类分别予以认定说,应不足采。

除了货物以外,营业税法另一课税客体为劳务。《营业税法》第3条第2项规定:"提供劳务予他人,或提供货物与他人使用、收益,以取得代价者,为销售劳务。但执行业务者提供其专业性劳务及个人受雇提供劳务,不包括在内。"论者就本条之理解,有认为该条所称劳务本来只包括"人的"及"物的"劳务,而实务上不但将"权利的"劳务包括在内,而且一般将权利的销售包括权利的移转一概皆划入销售劳务的范畴。换言之,由于本法对于"货物"的销售,不包括"权利"的概念,形成规范上的缺口,因此实务上以销售劳务来填补销售权利的漏洞[㉙]。并认为实务上如此处理的理由可能是因为权利与劳务同样是无体物或无体的财产利益[㉚],但对于这个漏洞

㉘ 民法学者对于物之定义,列举如下供参考之。黄右昌氏:物者,除人体外,谓有体物及物质上能受法律支配之天然力。胡长清氏:在吾人可能支配之范围内,除去人类之身体,而能独立为一体之有体物。王伯琦氏:人力所能支配而独立成为一体之有体物。洪逊欣氏:除人之身体外,凡能为人类排他的支配之对象,且独立能使人类满足其社会生活之需要者,不论其系有体物与无体物,皆为法律上之物。史尚宽氏:物者,谓有体物及物质上法律上俱能支配之自然力。以上系参阅,王泽鉴:《民法总则》,第158页以下。

㉙ 黄茂荣:前揭注㉕文,第14—19页。

㉚ 同上注,第19页。

在实务上并没有经过漏洞之处理的说明,而径自对权利移转之交易课征营业税,似乎没有注意到其与《营业税法》第 1 条中所定之课税范围似不相当的问题㉛。

吾人以为台湾《营业税法》并未规定"权利"为课税客体,并非规范上的漏洞,实务上将权利的销售纳入销售劳务的范畴并非违反租税法律主义。按美国的零售税及欧盟的加值税,均将课税客体区分为货物及劳务两种类型,并未另立一"权利"为课税客体,而将之规入劳务的销售类型之中加以课征营业税。以欧盟加值税为例,自欧盟加值税第一号指令以来,其劳务销售之定义,即为货物以外之销售。且有关特许权、商标权及其他同种类的权利转让及有关此等权利之转让、实施有关权利行使的全部或一部未履行的义务,均属劳务的销售概念范围㉜。而欧盟加值税第六号指令,在延续前面几号指令的规定下,于第 6 条明白规定"劳务之提供"(supply of service)乃指第 5 条货物之提供(supply of goods)以外之交易者。而该指令第 5 条对于货物之提供的规定,系针对所有权人移转处分其有形财产(tangible property),或其他视为"有形财产"者,如电流(electronic current)、气体(gas)、热能(heat)、冷能(refrigeration)及其他相类似者加以规范,与台湾《营业税法》第 3 条第 1 项货物销售之规定相同㉝。

鉴于 1985 年台湾所采行之加值型营业税,系继受自欧盟的加值税制度,解释台湾营业税法上销售劳务之定义时,应采用与欧盟

㉛ 同上注,第 21 页,注㊼。代表函释为,"地下室停车场车位之转让,受让者虽未取得产权,但享有永久使用权,应属权利交易性质,如为营业人,系属销售劳务,应依法开立统一发票,课征营业税。"("财政部"87.2.4.台财税第 7524799 号函)"证券股份有限公司销售经营权部分,系属权利转让使用之交易,核属销售劳务,应依法课征营业税。"("财政部"92.7.1.台财税第 810238186 号函)。相关函释系搜寻自"财政部"赋税署网站 www.dot.gov.tw。

㉜ 张可皆、陈合良译:《加值税讲话》,"财政部"财税人员训练所编印 1971 年版,第 29—30 页;陈攀云译:《欧洲加值税法规》,"财政部"财税人员训练所编印 1971 年版,第 11 页。

㉝ 因为"物"包含有体物及自然力,而自然力通常指能源,如热、光、电、核能等。请参阅施启扬:《民法总则》,1993 年版,第 176 页。是货物之销售自亦应包含自然力。因此,欧盟加值税第六号指令第五条关于货物的定义,可谓与台湾相同。

相同之解释较佳。台湾学者亦有采相同见解者,如颜庆章氏即认为:"所谓劳务,系指货物以外得为交易之标的,因此非属货物所有权之移转者,均属劳务销售的范围。"㊼ 更何况,如此解释始能达到台湾营业税法以销售货物与销售劳务为对于其税捐客体之基础分类,并欲以之穷尽其税捐客体的类型㊽ 的目的。

不同于营业税法一般,采用货物与劳务的二分规定,台湾所得税法针对各种不同的所得类型分别加以规定。其中,在第8条第3款规定于台湾境内提供"劳务"之报酬,又在第6款规定专利权、商标权、著作权秘密方法及各种特许权利,因在台湾境内供他人使用而取得之所得为"权利金"所得。因此,论者常将《所得税法》上的对于所得的分类,误植于营业税的探讨,在混淆的结果之下,常造成对"权利"或"智能财产权"的销售课征营业税,违反租税法律主义之误解㊾,或者对于国际会议在消费税上之共识,适用于台湾营业税法时为错误的解读㊿。

综上所述,吾人以为国内学者认为透过网际网络传输之数字商品,为物之一种,属于货物销售类型,但因其为无形财产,与营业税法上货物仍以有形财产为主要规范对象相异,若对之课税,恐有违反租税法律主义之虞;以及在营业税法的讨论上,将其销售归类于权利金交易之见解,均因未正确认识台湾营业税法之建制所致。

由于本文对于劳务之销售采取"货物销售"以外者均属之的见解,且认为数字商品本身非属货物,从而透过网际网络销售数字商

㊼ 颜庆章:《租税法》,第363页,(1995)。
㊽ 虽然加值型及非加值型营业税法第一条还规定进口货物,但这只是货物来源有所不同而已,自该货物最后在境内销售或供消费论,其与自始来自境内之货物的销售或消费并无差异。黄茂荣:前揭注㊲文,第13页,注㉛。
㊾ 如前述陈文锐之见解。
㊿ 如OECD渥太华会议在消费税上所达成的共识为:"基于消费税之目的,不得将数字化商品的提供(supply of digitalized products)视为货物之提供(supply of goods)"。冯震宇氏认为既然不为货物之提供,则可能在台湾营业税上被认为是劳务或无体财产的权利金。冯震宇:前揭注⑨文,第49页,注⑰。

这在所得税法上应为正确的理解,因所得税有劳务报酬及权利金所得之故。但在营业税法上则为错误的解读。盖因台湾营业税法上并无"权利金"之分类,所有有关权利之销售一律归类到劳务的销售概念,故在营业税议题下,不可能有"无体财产的权利金"类型出现。

品,不论在所得税法上认定为劳务报酬或因授权行为而有之权利金所得⑳,在营业税法上应为"销售劳务"之类型,应予课征营业税,并无违反租税法律主义之疑义。

其次,吾人以为,从中立性原则出发,亦可导出应对透过网际网络销售数字商品之行为课征营业税之正当性基础。盖营业税之建制,不应造成因租税而影响经济行为竞争的结果,始符合中立性原则的要求。若对于从事实体空间之货物或劳务销售课征营业税,而对于透过网际网络此一虚空间销售之数字商品不予课税,则将有利于从事网际网络商业交易的发展及竞争力,不利实体空间营业人在同样内容的商品上的竞争。既然同属销售行为,同为营业税之课税客体(《营业税法》第 3 条),在贯彻中立性原则的要求之下,即不应免除营业税之缴纳义务。

最后,吾人以为认定为销售劳务,可与欧盟及 OECD 渥太华会议的共识连接。盖欧盟执委会已明示透过网际网络传输之数字商品,应视为劳务之提供;而 OECD 于渥太华会议中,在消费税议题上就数字化商品的销售不应被视为货物的提供之见解,适用于台湾营业税上,可直接得出其属销售劳务的结论,如此,有使台湾对于电子商务营业税的课征得与国际直接接轨,未来与国际间各国合作处理营业税议题时不致产生隔差。

第三项　电子商务销售之课税权归属分析

传统的租税原则,是以实体世界的疆界来做一规划。网际网络虽系一虚空间,并无疆界的概念,因此,电子商务往往多跨越实体世界边界完成交易,如在台湾境内的消费者,透过网际网络向美国亚马逊网络书店购买电子书,而透过网际网络直接下载至家用计算机上即是。在各国达成不课征新税及利用现有的租税课征原则适用于电子商务交易的共识,及台湾也明白宣示赞同此一见解的前提下,对于电子商务之销售行为应如何决定其课税权归属国,即

---

⑳　因电子商务交易产生的所得类型,有因归类为权利金或劳务报酬之争议。相关说明,请参阅,王金和:前揭注⑦书,第 73 页。

成为一重大议题。

电子商务涉及课税权归属问题的态样可区分为:(1) 台湾企业于境内销售;(2) 境外企业向台湾境内销售;(3) 台湾企业向境外销售及(4) 境外企业向其他国家销售。由于第4种情形,货物之起运地或所在地及劳务的提供地及使用地均于境外为之(第4条第1项及第2项第1款),属境外销售货物或劳务,在营业税适用传统以疆界为主的课税权划分之原则下,台湾对之不取得课税权。因此,以下仅就前三种电子商务交易之态样,必要时区分实体商品、承载于有体物之数字商品以及透过网际网络下载之数字商品论述之。

第一款　台湾企业于境内销售

在台湾境内销售货物或劳务,应课征营业税,《营业税法》第1条定有明文。而设籍于台湾之企业,在台湾境内销售,不论其交易之形态为企业对企业或企业对消费者,亦不论其交易之课体为实体商品、承载于有体物之数字商品或透过网际网络传输之数字商品,因货物之起运地或所在地、劳务之提供地或使用地均在台湾境内(本法第4条参照),课税权自归属于台湾。

第二款　境外企业向台湾境内销售

境外企业向台湾境内销售者,系指销售人为非设籍于台湾之境外营业人,而买受人为设籍于台湾境内之营业人或交易时居住于台湾之自然人。由于其课税权之归属,可能因货物或劳务而有所不同,因此分别论述如下:

第一目　实体商品与承载于有体物之数字商品

依《营业税法》第1条,进口货物至台湾境内,应依本法规定课征营业税。亦即进口货物在台湾境内虽无销售或移转权利之行为,而仅是一个事实上的过程,还是有营业税义务。目的在于划一境外货物与境内货物在营业税方面之税捐条件,维持营业税之中立性的结果。此亦为加值型营业税之主要机能之一。盖利用只对加值之设计,使出口地之营业税的退税幅度及作业容易透明化,以取得进口地之信赖,共同维护营业税在国际贸易上的中立性,避免造成不公平竞争⑩。

有鉴于此,台湾对于跨境交易不采来源地原则,而采目的地课税原则,所以对于外销之货物依第 7 条免税(所课征之营业税税率为零),而对于进口货物依第 1 条规定须课征加值型及非加值型营业税。因此,在境外企业向台湾境内销售实体商品或承载于有体物之数字商品时,由于所销售之货物为有体物,必须自国外进入台湾境内,因此性质上属于进口货物,且由于销售之目的地为台湾,故由台湾取得课税权。

第二目 透过网际网络传输之数字商品

《营业税法》第 4 条第 2 项第 1 款规定,只要劳务之提供地或使用地有一个系在台湾境内,即认定为在台湾境内销售劳务。然因第 7 条第 2 项后段规定,在国内提供而在国外使用之劳务,课征之营业税税率为零,是故,若劳务之提供地在境内而使用地在境外,性质上为外销劳务,予以免税。相反的,若提供地在境外而使用地在境内者,性质上自始论为在台湾境内销售劳务,而应缴纳营业税。

须予注意者是,台湾《营业税法》第一条上并未有"进口劳务"应予课税之规定,是有论者以为台湾不对进口劳务课税⑪,实为误解。与进口货物不同,台湾营业税之所以无进口劳务之规定,其道理为,劳务的提供地纵使在境外,至少其使用地必在台湾境内,从而可论为在台湾境内销售劳务,无须再去创设"进口劳务"的概念⑫。此观 1985 年修法时之该条立法理由自明⑬。

然如何界定销售劳务之提供地或使用地,有时会引起认定的困难。从实务的观点论,自当以其事实上提供地或使用地为准,惟从稽征技术之实用性论,以销售者之营业场所为提供地,以购买者之营业场所(当购买者为营业人)或住居所(当购买者为自然人)为使

---

⑩ 黄茂荣:前揭注㊱文,第 23—24 页。
⑪ 王金和:前揭注㉛书,第 52、53、55 页。
⑫ 黄茂荣:前揭注㊱文,第 25 页。
⑬ 该条立法理由为:第 4 条第 2 项第 1 款规定劳务之提供地或使用地有一在台湾境内者,即为在台湾境内销售劳务。请参阅,《营业税法修正草案》第 4 条修正草案说明,前揭注⑳书,第 21 页。

用地较妥[24]。

透过网际网络传输销售之数字商品,性质上既属销售劳务,当境外企业向台湾境内之营业人或自然人销售时,劳务之提供地虽为台湾境外,惟其使用地[25]系于台湾境内,故台湾就此类销售行为拥有课税权。

第三款　台湾企业向境外销售

台湾营业税法,系采属地主义,而在跨地交易时,采取目的地课税原则。详言之,以台湾的疆界为课税权划分的界限,营业人在台湾境内有销售行为时,须缴纳营业税赋,营业人于台湾境外有销售行为时,则非为台湾课税权所及,其课税权应归属为该营业人销售货物之目的地或劳务之境外使用地国。基此,《营业税法》第7条对于外销货物及在国内提供而在国外使用之劳务予以免税(营业税之税率为零)。

当台湾企业向境外销售实体商品与承载于有体物之数字商品时,属于第7条第1款之外销货物,应予免税。在透过网际网络传输之数字商品至境外时,依第7条第2款后段之在国内提供而在国外使用之劳务,亦应予免税。台湾虽有课税权,惟为维持国际贸易中立性的要求,采行目的地课税原则,故以免税的方式处理,而由目的地国加以课税。值得注意的是,若台湾企业系向欧盟境内之营业人或消费者销售时,若系透过网际网络传输等电子方式为之时,依欧盟加值税第六号指令修正案,在2003年7月后若在欧盟境内年度营业额超过十万欧元,须向欧盟会员国办理税籍登记。

第四项　纳税义务人之确定

第一款　台湾企业于境内销售

境内的电子商务交易行为,如系属承载于有体物之数字商品之

---

[24] 黄茂荣:前揭注[38]文,第23页。
[25] 台湾企业系指其营业场所设于台湾境内者,台湾自然人则指购买时于台湾居住者,因此,当其由境外企业购买数字商品并由网际网络下载时,其使用地自应在台湾,应无疑义。

销售,其与实体商品之销售性质相同,均为货物之销售,依《营业税法》第2条第1项,以营业人为纳税义务人。若系属透过网际网络传输数字商品时,则为劳务之销售,依同条项规定,其纳税义务人亦为营业人。是当电子商务交易发生于台湾境内时,台湾企业为纳税义务人。

第二款　境外企业向台湾境内销售

第一目　实体商品或承载于有体物之数字商品

境外企业向台湾境内销售实体商品或承载于有体物之数字商品,依营业税法第五条规定为进口货物。而进口货物依本法第2条第2款规定,其纳税义务人应为进口货物之收货人或持有人。所谓收货人,系指提货单或进口舱单之收货人,所谓之持有人,指持有进口应税货物之人[46]。如台湾居民于亚马逊网络书店上订购一本纸本书或一片音乐CD,并以邮寄或快递方式运送至台湾时,台湾居民为营业税之纳税义务人[47]。

第二目　透过网际网络传输之数字商品

透过网际网络传输数字商品之性质为劳务,且境外企业向台湾境内销售时,因其劳务之销售地在台湾,故为于台湾境内销售劳务,应予课征营业税已如前述。惟《营业税法》第2条对于销售劳务之纳税义务人,有不同之规定。若外国之事业、机关、团体、组织,在台湾境内有固定营业场所,依本法第6条规定,为台湾营业税法上之营业人,应适用第2条第1款规定,由该外国之事业、机关、团体、组织为纳税义务人。然若在台湾境内无固定营业场所时,其纳税义务人,依本法第2条第3款则为所销售劳务之买受人。因此,在境外企业向台湾居民销售得以网际网络传输之数字商品时,其纳税义务人之认定便与是否在台湾境内设有"固定营业场所"有着密不可分的关系。

---

[46]　《营业税法施行细则》第3条。

[47]　之所以不规定境外营业人为纳税义务人的原因,乃在于要求设籍于境外之营业人向台湾缴纳税捐以及台湾税务机关如何对之进行稽征,有现实上的困难,故转而规定货物之收货人或持有人为纳税义务人。

一、固定营业场所之意义

关于固定营业场所之定义,《所得税法》第 10 条第 1 项规定:"本法称固定营业场所系指经营事业之固定场所,包括管理处、分支机构、事务所、工厂、工作场、栈房、矿场及建筑工程场所。但专为采购货品用之仓栈或保养场所,其非用以加工制造货品者,不在此限。"《营业税法施行细则》第 4 条[58] 规定:"本法称固定营业场所,指经营销售货物或劳务事业之固定场所,包括总机构、管理处、分公司、事务所、工厂、保养厂、工作场、机房、仓栈、矿场、建筑工程场所、展售场所、联络处、办事处、服务站、营业所、分店、门市部、拍卖场及其他类似之场所。"《营业税法施行细则》第 4 条核其内容与《所得税法》第 10 条所定者并不尽一致。其中特别是仓栈或保养场所是否为固定营业场所,《所得税法》第 10 条第 1 项有所保留,而《营业税法施行细则》第 4 条无保留的肯认之。鉴于所得税法与营业税法有密切之关系,是否这当有如此之出入,值得检讨[59]。

德国就固定营业场所之有无的认定,其根据之主要特征为:固定营业设施、该设施须效劳于事业之活动及企业对之须有支配权[60]。吾人以为台湾所得税法及营业税法施行细则仅就固定营业场所之种类加以规定,未就其抽象要件规定的同时,德国法制应可加以参酌适用。再者,对于电子商务课征消费税议题上,就网站、网际网络服务提供者业者是否构成固定营业场所等相关疑义 OECD 已有做成见解,应一并加以考虑。

二、可能之纳税义务人之分析

(一) 境外企业?

境外营业人如在台湾境内设有分公司等实体上的据点,纵其系以电子商务的方式为之,应符合固定营业场所之定义,而属于第 6 条之营业人,应依第 2 条第 1 款负担纳税之义务,应无疑义。有疑问者为,境外事业如果仅向台湾网际网络服务提供者业者承租服

---

[58] 加值型及非加值型营业税法对何谓固定营业场所,并未如所得税法于法条中加以明文,而系于施行细则中明定。
[59] 黄茂荣:前揭注[58]文,第 24 页。
[60] 同上注,第 24 页,注[58],第 33 页,注[61]。

务器设备,用以储存其营业所用之网站、网页等数字资料,以便利用销售系统软件就近自动接受订购、发货、收账时,该境外事业是否因该设备之租用或在其上设置网站或网页,而可论为在台湾境内有固定营业场所,从而属于台湾境内之营利事业。

1. 肯定说

有论者主张,一个概念必须取向于目的,从功能的观点界定之,始能适定满足其规范上之需要。固定营业场所之主要项目,不外乎制造、仓储、接单、发货及收款。事业所经常使用之场所,只要供为以上活动使用,该场所即属于其固定营业处。至于现场是否应有人员在场之问题,应从该外国事业是否能在系统中预设,或从远程随时指挥在境内之设备,依其指令工作论断。如属肯定,则在运作上,与有其人员在现场管理者,并无功能上的差异。在科技之进步日新月异的今天,必须从功能的观点看待过去发展出来之概念之现代内容。否则,将难以圆满达成规范任务。

在此认识之下,关于设备占有之有无的认定标准,非无从功能上重予界定事实上管领力的可能。在租用台湾网际网络服务提供者的网络服务器,由于其运转方式,在系统上有设定为容许远距操控的可能性,使其现场之占有变成不重要。盖当设定为可以远距操控,则在有体的世界,纵使该设备系在网际网络服务提供者之占有中,但实际上却还是听命于租用者之系统指令在运转:接单、送货、收款、记账。由此可见,自其功能而论,该承租之网际网络服务提供者服务器设备或设置之网站或网页,与传统之固定营业场所无异[50]。

2. 否定说

另有论者主张,将境外企业在台湾网际网络服务提供者业者的服务器中所设立的网站、网页视为固定营业场所,在解释上有其困难。因为网页与网站仅是虚拟的存在于服务器的电磁纪录中,与传统的固定营业场所概念上要求实体的存在,有相当大的差距。除非新增规定,明文将服务器中的电磁记录"拟制"为固定营业场

---

[50] 同上注,第34页。

所,否则要扩大解释,将遭遇相当的困难。再者,认定境外企业营业人具有台湾营业税法营业人的地位者,境外营业人除有营业税纳税义务人资格外,尚需依据《营业税法》第 28 条以下规定,办理税籍登记,第 32 条以下规定开立统一发票,以及第 35 条以下规定办理申报缴纳。因此,纵使以扩大解释方法或是拟制的方式,认定境外营业人具有台湾营业税法营业人之地位时,即须要全盘适用台湾营业税法上的规定。但境外营业人设籍境外,台湾之税捐稽征机关难以跨境执行职务,在实行上将显有困难[132]。

3. 本文见解

上开两说各有所据,难分轩轾。于参酌德国法上对于固定营业场所之特征及 OECD 对于固定营业场所之初步共识后,吾人以为应采否定之见解。除上述否定说之理由外,吾人再补充理由如下:

境外企业在台湾设置之网站及网页,本身系软件及电子资料的结合,无任何形体出现,不具实体设备,应仅单纯的广告性质,与传统固定营业场所"须固定之营业设施"的概念有所不合。

至于在该企业在台湾境内网际网络服务提供者服务器上设置网站或网页时,该服务器亦不能构成固定营业场所。理由在于,该企业对该服务器"无支配权"。境外企业为加速数字信息的传输速度及品质,最普遍的情形是,在台湾境内网际网络服务提供者所提供的服务器上成立网站,以从事营业活动。尽管此时该企业支付予台湾网际网络服务提供者的费用高低,可能决定于储存架设网站之相关软件以及资料所需的硬盘空间,但是该契约的本身并未使得企业有权决定该网站是属于硬盘中的那个位置,同时并未能控制该服务器的运作。即使企业有权决定该网站设立在位于特定定点之特定服务器上,对于该服务器与其所在的位置仍无法由企业自由处理。是仅将网站或网页成立于网际网络服务提供者业者之服务器上,企业对该服务器本身不具支配权,不符合固定营业场所之抽象特征,不能构成固定营业场所。

职是之故,不仅是单纯的网站及网页设置,甚且境外企业网站

---

[132] "经济部"商业司:前揭注[13]文,第 36 页。

及网页所在之台湾网际网络服务提供者业者之服务器上,均不能认为已于台湾境内设有固定营业场所,从而亦不为台湾营业税法上之纳税义务人。

(二) 台湾网际网络服务提供者为营业代理人?

在境外企业,不为台湾之纳税义务人的情形下,可否因台湾境内之网际网络服务提供者业者,协助其客户之计算机经由电话线联系上网际网络,或协助其客户在网际网络之服务器上设置网站或网页,提供数字商品供人下载以从事电子商务交易,而可论为该境外事业在境内之代理人? 为另一疑义。

论者有认为,一个事业因利用网际网络为数字商品之销售或使用授权,而对于境外目的地所属之课税权负缴纳营业税之义务。这时对于纳税义务人有不熟悉目的地之税法及稽征程序的困难;对于当地之稽征机关有如何在境外稽征的问题。为克服该困难,应将其在境内之服务器管理人(网际网络服务提供者业者)拟制为营业代理人,使其协助该外国事业办理相关之登记及报缴事务[59]。

关于营业代理人,《所得税法》第10条第2项有立法解释:"本法称营业代理人,系指合于左列任一条件之代理人:(1) 除代理采购事务外,并有权经常代表其所代理之事业接洽业务并签订契约者。(2) 经常储备属于其所代理之事业之产品,并代表其所代理之事业将此项货品交付与他人者。(3) 经常为其所代理之事业接受订货者。"归纳言之,营业代理人为本人所从事者,必须包含与第三人间涉及法律行为之事务,如签订契约、交付货物或接受订货等。虽营业税法并未对营业代理人加以定义,然基于所得税法与营业税法之密切关系而言,营业税法亦应做同一解释。

吾人以为,台湾境内之网际网络服务提供者业者充其量只是提供其服务器内之空间,供境外企业设置网站或网页,但自己并不从事境外企业与台湾境内消费者间之电子商务交易行为的事务,如

---

[59] 黄茂荣:前揭注[38]文,第47页。

签约、交付货物或接受订货等。是其角色功能仅系境外企业之使者[54]，而不符合上开营业代理人之规定。再者，如此之解释亦符合 OECD 对此所达成之共识。因此，吾人以为不应将台湾境内之网际网络服务提供者业者视为境外企业之营业代理人较为妥当。

（三）买受人？

依上开分析，在台湾境内消费者向境外企业购买数字化商品，并透过网际网络下载时，该境外企业并未于台湾设有固定营业场所，台湾之网际网络服务提供者业者亦非为其营业代理人，因此，剩下的惟一可能的纳税义务人，即为台湾境内之劳务买受人（《营业税法》第 2 条第 3 项）。且该劳务买受人，依《营业税法》第 36 条第 1 项，应于给付报酬之次期开始 15 日内，就给付额依第 10 条或第 11 条但书所定税率，计算营业税额缴纳之。此即反向课税（reverse charge）或自行报缴（self-assessment）[55]。

营业人销售货物或劳务时，依规定应收取之营业税额为销项税额（《营业税法》第 14 条第 2 项之规定）。进项税额，则指营业人购买货物或劳务时，依规定支付之营业税额（《营业税法》第 15 条第 3 项）。依第 15 条第 1 项，营业人当期之销项税额，扣减进项税额后之余额，为当期应纳之营业税额。若该劳务之买受人为台湾企业时，企业得扣除买进之劳务之营业税额后，再缴纳营业税予台湾，所以，反向课税或自行报缴制度于劳务之买受人为台湾企业时，其实施成效颇为良好。

然而，若劳务之买受人为非营业人之台湾居民时，因为他们为营业税的最后负担者，无从使用进销项税额扣抵之规定，因此要求其按规定报缴营业税，甚为不可能，此为电子商务采用现行营业税课征规定下的一大难题。应如何加以稽征，本文于本章第 4 项加

---

[54] 使者系传达本人已决定之意思表示，并不自己为意思表示。请参阅，施启扬：前揭注[33]书，第 285 页。

[55] 反向课税通常指消费税法或营业税法规定命货物或劳务的买受人，于给付货款时，先行依法代扣税款。自行报缴，意指由劳务或货物之买受人，自行结算税款后缴纳。请参阅，"经济部"商业司：前揭注[35]文，第 10 页。二者实为名上之不同，实质内容完全相同。OECD 于其报告中亦常用 "reverse charge/ self-assessment"。

以探讨之。

第五项　可能稽征方式之检讨

OECD提出对于电子商务可能的四种稽征方式，分别为自行报缴制度、非居住者注册登记、于来源地课征再移转税款及金融机扣代为扣缴。台湾不少学者均对于此一制度加以评析，并提出应采取之看法，因此在吾人采究应采取何种制度前，不得不就既有讨论文献加以回顾。

第一款　学说见解

王金和氏认为(1)自行报缴制度之社会成本太高，不易勾稽进销货之内部资料，再加上人民须有"绝对诚实"的纳税观念，否则无法实施，现阶段台湾不适合此案。(2)非居住者注册登记，为现在已有的方法，如国外分公司、营业处等分支机构之登记，但是电子商务发展后，为降低企业之经营成本，既然可以利用网站来营业，是其登记意愿就相当低落。(3)于来源地课征再移转税款，必须国与国订有税务合约。欧盟执委会已于2000年2月拟定计划将网际网络之交易列为课税对象，并以此方案为课税的机制。但在台湾尚有困难，台湾与外国之税务协定通常是仅限于彼此互惠，要国与国课税合作，恐怕有诸多困难。(4)金融机构扣缴为最可行的方案，国与国交易价款均必须借由银行转账，且银行体系配合度高，其可获得手续费及税款资金之融通，且对银行体系查缉容易，稽征成本及社会成本最低，且不易逃漏税，最为可行[59]。

陈文锐氏认为在交易标的为数字产品，透过网络传输时，依《营业税法》第36条规定，应由买方自己申报缴纳，其有关手续、征收为避免向众多消费者直接征收之不便，似可规划由支付系统中之金融机构于支付国外金融机构先行扣缴[60]。

王正文氏认为(1)自行报缴制度，在营业人意愿较高，但在个人消费者缺乏自动报缴之动机，税务机关稽核之困难度又太高的

---

[59] 王金和：前揭注⑦书，第56—57页。
[60] 陈文锐：前揭注⑤文，第83页。

情况之下,实施之成效颇令人质疑。(2) 在电子商务跨国交易频繁下,采行非居住者注册登记制度,可能使营业人面临不同租税领域的不同租税规定、申报程序、申报期间及税率,严重打击其注册之意愿。(3) 要有效执行来源地课征再移转税款此一机制,除了国际间互利协议的签订外,各国政府必须随时掌握其他国家加值税法的变动,投入成本稽查额外申报案件,系租税代征国家缺乏稽征之动机亦为障碍之一。稽征机关可以借由健全的金流体系,掌握完整的稽核轨迹及课税资料,因此所面临的阻碍最低,可以在最小的成本下,完成零售税的稽征,因此,可为政府未来制定电子商务租税稽征体制的参考[58]。

"经济部"商业司法规障碍研究报告中亦认为,若主管机关有意贯彻境外购入数字产品应课征营业税的政策,采取命作为交易的中介者,例如认证的第三人或是负责转账的线上银行、信用卡公司,负有扣缴营业税款的义务,稽征机关仅需监督、稽核少数的线上交易中介者,即可获取税款,符合稽征利益,故建议采之[59]。

第二款 本文见解

对于电子商务可能的四种稽征方式,台湾目前各论著几乎[60]一面倒地支持以金融机构代为缴纳制度为最佳的稽征方式。在这采取由金融机构代为缴纳的浪潮中,吾人则采取不同见解。

首先,采用此一制度将有交易性质认定上的缺点。现行的电子商务交易的付款机制主要是透过信用卡[61],发卡银行或信用卡公司保有消费者交易及付款之相关记录。但是,由于该笔记录仅限于交易商店、交易金额、交易日期,金融机构无从得知交易之内容是销售货物、抑或为销售劳务?是属于免征营业税的交易,还是属于零税率之交易?在销售种类上、课税权之归属、适用之税率及纳税

---

[58] 王正文:前揭注[105]文,第84—91页。
[59] "经济部"商业司,前揭注[136]文,第36页。
[60] 除上开三位以外,尚有单佩玲氏、简锦红氏及陈新好氏等曾撰文分析 OECD 的四项课征机制之利弊得失,甚为可惜的是,并未提出台湾应采何种方式较佳之建议。请参阅,单佩玲,前揭注[100]文,第57页以下;简锦红、陈新好:《租税与电子商务》,《财税研究》第34卷,2003年3月第2期,第89页以下。
[61] 虽已有电子钱的问世,但仍未普遍。

义务人等议题的认定上,将不可避免地会产生许多争议。

其次,依据 OECD 第九工作小组的调查,几乎所有的金融机构都已宣称,因为他们并非从事应税之货物销售或劳务的销售,所以也毋须负担收缴消费税的义务。而 OECD 之科技技术咨询小组也认为收缴税捐的责任不应强制负加予任何第三人性质的中介团体,任何第三人参与税捐收缴机制均应出于自愿以及市场趋向的商业动机。因此,强制金融机构成为纳税义务人,实际上已受到全部金融机构的反对。

最后,须予以认识的是,关于电子商务营业税的课征,不论是美国、欧盟或是 OECD 都认为应适用现有的课税原则及规定。而依现行的营业税法,营业税的纳税义务人不是货物或劳务的出卖人,就是其买受人,而所有的营业税法,包括税籍登记、申报、缴纳、处罚等,都是围绕着出卖人及买受人所建立的制度。如果采用金融机构代为缴纳的制度,须将金融机构规定成为纳税义务人,则须就营业税法做一重大变革,此一变革又彻底改变了营业税传统上以交易之相对人规制中心的理念,甚至须要另行建立一套全新的加值型及非加值型营业税课税机制,可谓是推翻了以"传统租税原则及规定"对电子商务之交易行为课征营业税的前提。

综上所述,本文认为全面采用金融机构代缴制度非为适当之方式,而应审酌不同的交易模式及不同的交易客体,采用不同的稽征方式。

第一目　实体商品与承载于有体物之数字商品

一、台湾企业于境内销售

台湾之电子商务营业人,与台湾消费者从事实体商品与承载于有体物之数字商品之交易时,其与传统的邮购交易情形,并无不同。买受人只是由邮件订约的方式,改成于网络上与出卖人订立契约,出卖人仍借由邮件、快递或至便利商品取货等方式完成契约的给付义务。是以,运用现行之营业税法,以从事销售行为之台湾电子商务营业人为纳税义务人,可以对于此种销售形态有效地课征加值型营业税。

二、境外企业向台湾境内销售

该等货物具有实体形体,虽以电子商务方式完成交易,但仍须实际以邮件或快递等方式由境外运送至台湾境内,性质上为进口货物。纳税义务人依本法第2条为进口货物之收货人或持有人。其营业税,依第41条由海关代征之。因此,不论台湾买受人为企业或消费者,均可透过"海关代征营业税"之方式解决加值型营业税稽征的问题。

第二目 透过网际网络传输之数字商品

又可以区分为境内企业与境外企业来分别说明之:

一、企业对企业

应采用"自行报缴制度"。这是因为加值型营业税制交互勾稽效果所致。在加值型营业税制度下,企业在采购货物或劳务时,必须取得进货发票作为进项税额凭证,用以抵减销售时之销项税额,以及作为进货支出之证明,因此,即使利用网络交易,企业仍需取得进货发票凭证,因此在营业税稽征上,成效良好。而企业透过网络从国外进口实体商品或承载于有体物之数字商品时,由于营业税的追补效果,亦能于销售时自动追补应负担之营业税[38],因此,透过自行报缴制度,不但企业的依从成本小、税务机关的稽征查核成本也小,更可在无须改变现有制度的情形下,确保电子商务环境下实体商品、承载于有体之数字商品以及透过网际网络传输之数字商品销售之营业税。

二、企业对消费者

(一)台湾企业于境内销售

应采用"自行报缴制度"。采用此一制度是否会造成消费者未索取统一发票,企业即不依规定缴纳营业税并开立统一发票之情形发生吗?由于目前从事电子商务之台湾企业均为商誉良好之企业,且均于台湾设有固定营业场所,稽征机关查核方便,当以电子商务方式销售其商品时,均依规定开立统一发票缴纳营业税。在书籍之销售上,搜主义及博客来网络书店于其网页上,要求买受人

---

[38] 王正文:前揭注⑩文,第80页。

于下单前填写姓名及住址,以利寄送统一发票。因此,不论买受人是购买纸本书或电子书,搜主义及博客来网络书店均会缴纳营业税并开立统一发票寄送给买受人[83]。再以销售计算机软件的趋势科技为例,其产品 PC-cillin2002 推出网络版,无任何实体商品,买受人只能透过网际网络下载该防毒软件,但买受人于购买前仍必须填写姓名及住址,以利寄送统一发票[84]。因此,就国内几个从事电子商务之大型企业之实例观之,采用自行报缴制度,为一可行且有效之方法。

(二) 境外企业向台湾境内销售

应采"非居住者注册登记"制度。由于网际网络的发展与便利性,使得企业可以利用网络媒介,直接和消费者接触完成交易,造成了传统交易中介商的消逝。在稽征上由于中介商的消逝,使得加值型营业税制度层层勾稽效果成为空转。再者,透过网际网络传输销售数字商品时,因为不具实体形体,不需通过台湾海关即可交付予消费者,海关无法代征营业税。再加上,电子商务之境外营业人借由网际网络即可完成交付,不会于台湾设有固定营业场所,纵于台湾网际网络服务提供者业者之服务器上租用一硬盘空间,或设有网站或网页,该服务器、网站及网页非为固定营业场所。在该境外营业人非为台湾之纳税义务人,而台湾网际网络服务提供者业者亦非属其营业代理人的情形下,可能只能将台湾境内之买受人认为是纳税义务人,而采用自行报缴制度。若采用此种方式,除买受人的纳税意愿颇令人质疑以外,税务机关须要对于众多的买受人逐一课征加值税,可能造成极重的稽征成本。

欧盟加值税第六号指令修正案及 OECD 财税委员会第九工作小组的建议,均认为境外企业透过网际网络传输销售数字商品予

---

[83] 搜主义网络书店开立发票网页:http://www.soidea.com.tw/soidea/page460.htm,博客来网络书店开立发票网页:http://www.books.com.tw/services/s2.htm。

[84] 目前 PC-cillin2002 网络版,可于四个与之合作的 e-shop 购买。其发票网页为 PChome 网络家庭(http://toget.pchome.com.tw/shopping/order.php)、Sosoft.net 软件直购网(http://www.sosoft.net/shopping/shoppingclaim/warranty.asp#warranty2)、Books 博客来网络书店、KingStone 金石堂网络书店(https://cash.kingstone.com.tw/paycash20020429.asp)。

境内消费者,在现行科技下,最好的方式是采取"非居住者注册登记"制度。要求该境外营业人从事此一交易时,须办理台湾税籍登记。为了增加境外营业人之依从成本及减少稽征成本,设有许多简化措施,诸如设立门槛规定,于营业额达一定数额以上者,方才须要登记;或采行之电子方式申报、缴交相关税务资料或利用线上付款缴纳营业税等机制。

台湾亦有论者主张,可参酌欧盟规定,制定电子商务登记特别法,要求境外营业人透过网站,行销台湾境内消费者之营业额超过某一标准时,应向台湾主管稽征机关申请营业登记,并依营业税法规定缴纳营业税[89]。本文赞成其基本理念,惟认为不需要单就登记一事,另立一新法,可仿效欧盟于其原有之加值税指令中加入以电子方式销售时之门槛规定及应办理税籍登记之规定,较为简明。

第三节 小 结

本文对于电子商务与营业税法之各项争议所采之见解,如下表4-1及表4-2:

表 4-1

电子商务销售之商品类型	本文见解
实体商品或承载于有体物之数字商品	可适用现行营业税法课税
	法律性质为销售货物
透过网际网络传输之数字商品	可适用现行营业税法课税
	法律性质为销售劳务

[89] 单佩玲:《电子商务消费税议题》(下),《实用税务》2000年第5期,第43页。

表 4-2

营业人	销售地	交易客体	交易模式	本文见解
台湾境内之电子商务营业人	向台湾境外销售	实体商品或承载于有体物之数字商品	企业对企业或企业对消费者均可	课税权为台湾,但因属外销货物,适用零税率(本法第7条第1款)
		透过网际网络传输之数字商品		课税权为台湾,但因属国内提供而在国外使用之劳务,适用零税率(本法第7条第2款)(若销售地为欧盟,其加值税第六号指令修正草案,年度销售额逾十万欧元时,台湾境内营业人须办税籍登记)。
	于台湾境内销售	实体商品或承载于有体物之数字商品	企业对企业	(1) 课税权归属:台湾(货物之起运地或所在地在台湾)
				(2) 纳税义务人:销售货物之营业人
				(3) 稽征方式:营业人缴纳税款
			企业对消费者	(1) 课税权归属:台湾(货物之起运地或所在地在台湾)
				(2) 纳税义务人:销售货物之营业人
				(3) 稽征方式:营业人缴纳税款(台湾电子商务营业人,实务上会开立统一发票随消费者购买之物品一并寄送)。
		透过网际网络传输之数字商品	企业对企业	(1) 课税权归属:台湾(劳务之提供地或使用地在台湾)
				(2) 纳税义务人:销售劳务营业人
				(3) 稽征方式:营业人缴纳税款
			企业对消费者	(1) 课税权归属:台湾(劳务之提供地或使用地在台湾)
				(2) 纳税义务人:销售劳务之营业人
				(3) 建议稽征方式:营业人缴纳税款(台湾电子商务营业人,实务上多会要求消费者于网站购买数字商品前填写个人资料,日后并会寄送统一发票)。

(续表)

营业人	销售地	交易客体	交易模式	本文见解
台湾境外之电子商务营业人	向台湾境内销售	实体商品或承载于有体物之数字商品	企业对企业	(1) 课税权归属：台湾（为进口货物之目的地）
				(2) 纳税义务人：进口货物之收货企业或持有之企业
				(3) 稽征方式：海关代征营业税
			企业对消费者	(1) 课税权归属：台湾（为进口货物之目的地）
				(2) 纳税义务人：进口货物之收货人或持有人
				(3) 稽征方式：海关代征营业税
		透过网际网络传输之数字商品	企业对企业	(1) 课税权归属：台湾（为劳务之使用地）
				(2) 纳税义务人：劳务买受之台湾企业
				(3) 建议稽征方式：自行报缴制度
			企业对消费者	(1) 课税权归属：台湾（为劳务之使用地）
				(2) 纳税义务人：境外营业人（若采反向课税，以台湾境内之消费者为纳税义务人会加重稽征负担，有违稽征便利原则）
				(3) 建议稽征方式：非居住者注册登记（于境外营业人营业额度逾一定门槛时，要求其办理税籍登记）
	向他国销售	不论其交易客体或交易模式为何，因与台湾境内无涉，非为台湾课税权所及，台湾对此类交易不能课征营业税。		

第五章 结 论

　　对于交错于实体世界与虚拟世界的电子商务,要想利用传统(现行)的租税制度课征营业税,不论是各国政府或国际组织而言,都是一个头痛的问题。从应否课征新税、纳税主体难以辨认、课税管辖权的争议、数字化商品的销售定性的困难到电子商务造成中介商消逝的产销流程的转变造成课税上的难题,都困扰着各国的营业税法。

　　美国的零售税制度,是地方税的一种,各州拥有课税权。又因为多在零售阶段就销售总额课税,故为单一阶段零售税,原则上以有形个人财产为课税客体。对于电子商务,在美国引发的问题为是否课征新税、跨州课税、固定营业场所、数字化产品的性质与是否课税的论辩。

　　美国政府明白宣示不支持位税等任何新税。关于数字商品定性的问题上,目前联邦最高法院尚未表示任何见解。依据最新的州法院判决,倾向将之定性为有形个人财产,而应课征零售税。由于电子商务极易跨越各州进行交易,因此跨州交易课税的问题,在美国成为一个重大的问题。电子商务与邮购交易近似,均有中介商消逝的特征,因此,虽然联邦最高法院 1992 年 Quill Crop. v. North Dakota 案,是针对邮购事业加以判决,但是国会仍然在网络免税法中明白支持,认为若任何公司于该州无"物理上出现"时,该州即不得对之主张零售税或使用税的收缴义务。因为不能对州外的公司课予零售税及使用税的缴纳义务,所以各州就会将缴纳税款的义务的对象,转到州内的网际网络服务提供者的身上。但是,依据网络免税法成立的电子商务咨询委员会报告中亦指出,网际网络服务提供者不应视为州外公司于该州内的固定营业场所,而须负担零售税及使用税的收缴义务。在电子商务应否课税的议题,目前采取不课税的态度,从 1998 年 10 月至 2001 年 10 月的网络免税法,到2001年11月至2003年的网络平等课税法,都规定冻结各州对于电子商务课税的权力。

欧盟加值税制度,始于1970年,其特征为就销售的每个阶段之价值增加的部分课征加值税,为多阶段零售税,且属于国税。对于电子商务的课税上,欧盟不赞成新税。欧盟主要遇到的问题是线上传输数字商品的定性以及课税权归属的问题。这些问题都源自于欧盟加值税的制度。依欧盟加值税第6号指令,加值税的课税客体可区分为货物之提供及劳务之提供两种。不同的分类,不但课税权归属所适用的判断标准有所不同,即便是归属于同一课税领域,亦有可能适用不同的加值税税率。因此,数字商品的"定性"在欧盟加值税制度下就显得格外重要。欧盟执委会于1998年明白宣示透过网络传输的数字化商品,其法律性质应为劳务之提供。因此,同一内容的书籍,若为纸本书的形式,为货物之提供;若为电子书,消费者透过网络下载购买,则为劳务之提供。

欧盟执委会于2001年2月7日另针对完全透过网络交易的电子商务,向欧盟理事会提出加值税第6号指令的修正案。内容由定性为劳务之提供出发,新增以电子方式提供商品或劳务时之课税权归属的判断标准,避免在欧洲没有固定营业场所的美国公司透过网际网络传输数字商品予欧盟境内的消费者时不需缴纳加值税,造成有利欧盟境外营业人销售,不利欧盟境内营业人销售的竞争扭曲,形成不公平竞争。其中内容有,欧盟境外营业人于欧盟境内固定营业场所之拟制规定、促使境外营业人申报营业额的纳税义务转换规定、基于稽征经济考量的十万欧元的门槛制度以及电子方式报缴制度等。

另外值得一提的是,欧盟理事会已于2002年5月7日通过此一修正案,将对美国及其他非欧盟公司的数字传输产品与服务课征加值税,举凡计算机软件、游戏、音乐或其他服务,只要是透过网际网络售予居住在欧盟15国区内的消费者,就必须缴税。并要求欧盟15个会员国须于2003年7月1日前遵守该项指令,完成各国加值税法规的修正⑳。

OECD 在 1998 年渥太华会议中,各会员国在消费税议题上,达成几项共识。首先,反对新税的课征,认为现有的租税制度即可适用于电子商务。其次,线上传输之数字商品之提供之性质,不应视为货物之提供。再者,课税权应归属于消费地国。在企业对企业的交易上,应以劳务收受人之营业场所为消费地;在企业对消费者的交易,则应以消费者通常的居住地为消费地。

同时,针对电子商务 OECD 财务委员会亦修正其范本,明白表示网站、网页及网际网络服务扺供者之服务器及其固定营业场所,非为电子商务营业人之固定营业场所。不同于美国及欧盟,OECD 在报缴制度上着墨甚多,提出自行报缴制度、非居住者注册登记制度、于来源地课征再移转税款及由金融机构扣缴制度等四种方案。在评估各项方案的利弊得失后,OECD 建议在目前的制度下,区分企业对企业和企业及消费者加以规范。前者应采行自行报缴制度,后者,就以非居住者注册登记制度较佳,但各国应致力将企业的依从成本降到最低。欧盟所通过的加值税第 6 号指令修正案基本的做法,即采取 OECD 建议的模式。

电子商务,在台湾营业税法下所遇到的问题主要如下。(1) 电子商务应否课税?(2) 电子商务之销售行为应如何定性?(3) 在何种情况下课税权归属于台湾?(4) 谁是纳税义务人?(5) 应采取何种稽征方式?由于台湾现行之营业税制度,系殷基于 1985 年的修正,主要效法的对象为欧洲共同市场的加值税制度,且已于 1999 年修正《财政收支划分法》成为国税的一项,因此在比较法及台湾营业税法相关概念的解释,原则上本文倾向采取欧盟加值税的立场,而不采取美国的态度。而同时为了配合国际潮流,亦多采用 OECD 的见解,特别是在稽征方式的选择上。

第一个问题,本文认为,若仅对传统商务课税,而不对电子商

---

⑳ 美国强烈反对,美国方面认为,欧盟的新规定构成歧视待遇,且会加重美商经营上的压力。美国已扬言针对此案向世界贸易组织(WTO)申诉。请参阅,http://taiwan.cnet.com/news/ec/story/0,2000022589,20037881,00.htm。

务课税,将违反量能原则及中立性原则,电子商务既有销售的行为,即为台湾营业税法所欲规范的课税对象,自应予以课税。

第二个问题,国内学说众多,吾人以为,应区别电子商务销售类型加以认定。若为实体商品或承载于有体物之数字商品,则其在营业税法上之法律性质应为销售货物;反之,若系透过网际网络传输的数字商品,则应为销售劳务。

第三个问题,本文见解为,除台湾境内之电子商务营业人向台湾境外销售及台湾境外销之电子商务营业人向台湾境外之他国销售时,台湾不具有课税权外,其他情形,台湾均依营业税法取得课税权。换言之,只要电子商务的消费地在台湾境内,不论该商品系由境外营业人或境内营业人提供,依目的地课税原则,台湾均取得课税权。

第四及第五个问题合并说明。在台湾境内之电子商务营业人于台湾境内销售时,其纳税义务人均为营业人,直接由其缴纳营业税即可。或有人怀疑在透过网际网络传输数字化商品时之可行性,惟就吾人所知,目前国内所有的电子商务公司,如 PC-Cillin 或搜主义等网络书店,均依规定开立统一发票,是其执行成效尚无庸质疑。

若系台湾境外之电子商务营业人向台湾销售时,本文认为,如销售的是实体货物或承载于有体物之数字商品时,为营业税法上的进口货物,其纳税义务人应为进口货物之收货人或持有人。因为该物品一定须要通过海关,故课征方式则可采由海关代征营业税之方式为之。

如系透过网际网络下载时,其纳税义务人及课征方式应区分企业对企业与企业对消费者分别以观。若是企业对企业,则纳税义务人应为劳务买受之台湾企业,稽征方式可为自行报缴制度;若为企业对消费者时,不应为采取自行报缴制度,乃因以台湾境内之消费者为纳税义务人会加重稽征负担,有违稽征便利原则。惟台湾学者多认为此时可采用金融机构扣缴制度,惟吾人以为似为不妥。以目前 OECD 的四项课税方案中,仍以非居住者注册登记制度并配合门槛较可参酌。在实行上,吾人建议可以参考欧盟的实施成效,再加以检讨修正相关法规。

　　电子商务与营业税法关系密切。本文基本立场为贯彻营业税建制在宪法上的量能原则及中立性原则,因此对于所有营利的销售行为,均应课征加值型及非加值型营业税,否则即可能造成不公平竞争,造成租税对于市场的干预。然而,在传统租税制度的前提下,适用营业税法后,不免出现对于同一内容之物,因其交付方式是否透过网际网络而做销售货物与销售劳务的不同分类。或许,这种分裂的规范方式,是因为过去税法在制定时从来不曾想象过会有一个物品(如计算机软件、书籍或音乐CD)既能以实体形式存在(在商店架上)又能以无形的形式(由网络下载储存于个人计算机)存在吧!未来,科技对于税法的挑战正方兴未艾。

税法学研究文库

已出版及近期计划出版书目

- 施正文:《税收程序法论——监控征税权运行的法律与立法研究》(已出版)
- 刘剑文主编:《WTO体制下的中国税收法治》(已出版)
- 刘剑文、熊伟:《税法基础理论》(已出版)
- 刘永伟:《转让定价法律问题研究》(已出版)
- 黄士洲:《税务诉讼的举证责任》(已出版)
- 刘剑文主编:《出口退税制度研究》(已出版)
- 葛克昌:《税法基本问题(财政宪法篇)》(已出版)
- 葛克昌:《所得税与宪法》(已出版)
- 葛克昌、陈清秀:《税务代理与纳税人权利》(已出版)
- 葛克昌:《行政程序与纳税人基本权》(已出版)
- 黄俊杰:《税捐正义》(已出版)
- 黄俊杰:《纳税人权利之保护》(已出版)
- 钟典晏:《扣缴义务问题研析》(已出版)
- 周刚志:《论公共财政与宪政国家——作为财政宪法学的一种理论前言》(已出版)
- 邱祥荣:《电子商务课征加值型营业税之法律探析》(已出版)